Droit constitutionnel

Mohamed Aly THIAM

Droit constitutionnel

Le pouvoir exécutif en Guinée

Préface d'Ansoumane Camara

L'Harmattan

Du même auteur, chez L'Harmattan

Le droit électoral guinéen, 2016.
La Cour des Comptes issue de la Constitution de la République de Guinée, 2016.
L'expérience parlementaire guinéenne, 2016.

5-7, rue de l'École-Polytechnique, 75005 Paris
http://www.editions-harmattan.fr
ISBN : 978-2-343-12053-9
EAN : 9782343120539

PRÉFACE

Ce quatrième ouvrage de Mohamed Aly THIAM, dans la lignée de ses prédécesseurs, offre une nouvelle analyse de la constitution et du régime politique et juridique de la République de Guinée qui en découle.

*Dans « **L'expérience parlementaire guinéenne** », « **'la Cour des comptes** », « **Le droit électoral guinéen** » l'auteur a fait un exposé descriptif et analytique sur l'encadrement juridique des institutions constitutionnelles guinéennes.*

Dans les deux premiers livres, il présente l'organisation et le fonctionnement du Parlement, de la Cour des comptes, alors que dans le troisième il aborde, dans un esprit critique, les règles fixées par la Constitution et le Code électoral régissant le déroulement du processus électoral. Il fait un examen en profondeur de la manière dont le CENI et la juridiction constitutionnelle ont appliqué le droit électoral à l'occasion des dernières élections présidentielles.

Au-delà des dispositions constitutionnelles et légales concernant les élections, son argumentation se fonde sur des textes jurisprudentiels de la Cour suprême et de la Cour Comptes

Il invite cette fois l'attention du lecteur sur un autre centre d'intérêt du droit constitutionnel guinéen : LE POUVOIR EXÉCUTIF GUINEEN tel que la Constitution guinéenne a fixé son statut et son mode de fonctionnement, en interaction avec les autres institutions constitutionnelles.

En effet, s'agissant du statut du Pouvoir exécutif, aux termes de la Constitution de 2010, M. THIAM amène le lecteur à distinguer deux catégories de gouvernants, à savoir : ***le président de la République et le gouvernement****.*

Il donne la précision que la mission de ces deux organes ne se borne pas à l'exécution des lois et le budget ; ils assument la direction et l'impulsion générales de l'État.

L'auteur, en présentant les attributions que la constitution confère au président de la République, fait remarquer que celui-ci veille au respect de la Constitution. Il assure, par son arbitrage, le fonctionnement régulier des pouvoirs publics ; il est le garant de l'indépendance nationale. Élu au suffrage universel direct, le président de la République exerce un mandat dont la durée est limitée à cinq ans renouvelable une fois ; il nomme le Premier ministre et, sur proposition de celui-ci, les ministres.

Du Premier ministre, il montre que celui-ci « assure l'exécution des lois » et dirige l'action du gouvernement, qui détermine et conduit la politique de la Nation et, à cet effet, la constitution lui octroie le privilège de disposer de l'administration, de présider le Conseil interministériel et, par délégation, le Conseil des ministres où sont prises les décisions du gouvernement, qui se réunit, en principe, une fois par semaine sous la présidence du président de la République.

Le cheminement conduit à l'évidence que, pour les détenteurs du pouvoir politique, la République comporte son exerce, non en vertu d'un droit divin ou d'hérédité, mais en vertu d'un mandat conféré par le corps électoral en conformité avec les lois de l'État.

De ce point de vue, la gouvernance organisée par la Constitution a pour base la volonté générale, dont la seule source de légitimité est le peuple, sans cependant que la république soit confondue à la démocratie, même si les deux notions sont parfois utilisées indifféremment. Les deux vont, d'ailleurs, de pair, ainsi que cela apparaît à l'article 1er, alinéa 1er et à l'article 2 de la constitution Guinéenne.

Cet article 2 pose : « 'la souveraineté nationale appartient au Peuple qui l'exerce par ses représentants élus ou par voie de référendum. Aucun individu, aucune fraction du peuple ne peut s'en attribuer l'exercice. Le suffrage est universel, direct, égal et secret. Dans les conditions déterminées par la loi, sont électeurs tous les citoyens guinéens majeurs, de l'un et de l'autre sexe, jouissant de leurs droits civils et politiques »'.

Il résulte de ces dispositions que les autorités chargées de diriger l'État tiennent leurs pouvoirs du peuple qui en décide par voie d'élections au suffrage universel, parce que le dépositaire de la souveraineté est le peuple ; les autres autorités n'en sont que des détenteurs précaires, des intermédiaires.

Ces autorités sont : le Président de la République et l'Assemblée nationale. C'est ce qu'affirme la constitution qui dissimule mal la suprématie du Président de la République.

Dans ce livre consacré au « ***Pouvoir exécutif*** *», l'auteur révèle que les questions de la nature du régime politique, de la configuration des organes de l'État, de la structure des pouvoirs sont de celles qui intéressent aussi bien les politiques que les chercheurs, après une élaboration ou une révision constitutionnelle.*

Ce livre projette un éclairage des plus enrichissants quant à la définition des différents organes, la description des modalités et des conditions de leur imbrication et, au besoin, propose une réflexion prospective sur la réalisation heureuse, effective et harmonieuse des desseins que se sont fixés les constituants de 2010.

Il répand une tonifiante lumière sur les rapports entre les différents organes de l'État et entre ceux-ci et les citoyens.

Le statut du Président de la République se révèle à l'article 27 de la Constitution : « Le Président de la République est élu au suffrage universel direct », c'est-à-dire qu'il est élu par la nation entière, il incarne l'unité nationale[1]. *Ce rôle-cadre fournit au Président de la République tout une panoplie d'attributions. Il est le Chef de l'État. Il définit la politique de la nation, veille au respect de la constitution et assure par son arbitrage le fonctionnement régulier des pouvoirs publics. Il est garant de l'indépendance nationale, de l'intégrité du territoire, de la permanence et de la continuité de l'État, de la négociation et du respect des accords internationaux. Il représente l'État dans tous les actes de la vie publique, il est le Chef des forces armées, veille à la sécurité intérieure et extérieure de la République, accrédite et reçoit les ambassadeurs et envoyés extraordinaires, promulgue les lois, exerce le droit de grâce et le pouvoir réglementaire, nomme aux emplois civils et militaires de l'État, décerne décorations et distinctions honorifiques de la République. Il nomme le Premier ministre et, sur proposition de celui-ci, les autres membres du gouvernement, fixe leurs attributions, met fin à leurs fonctions, préside le conseil des ministres, le Conseil Supérieur de Défense nationale, le Conseil supérieur de la magistrature. Il peut dissoudre l'Assemblée nationale, convoquer le Parlement en session extraordinaire. Il possède l'initiative des lois et de la révision de la constitution pour certaines matières spécifiées. Il peut être autorisé par le parlement à prendre des ordonnances sur des matières qui sont du domaine de la loi, recourir au référendum sous réserve de la limitation de compétence des articles 51 et 154 de la Constitution.*

Cette kyrielle d'attributions tire sa force et sa substance de sa légitimité démocratique.

---

[1] Article 45, dernier alinéa Constitution

Ce statut du Président de la République reflète sa prééminence, surtout parce qu'il dispose de la prérogative de dissoudre l'Assemblée nationale, parce que sa propre responsabilité ne peut être mise en jeu par celle-ci. Il n'est justiciable que devant la Haute Cour de Justice dans l'épineuse hypothèse de la haute trahison[2].

Or, cet état de choses est paradoxal dans un système hybride comme celui de la Guinée, où le Président de la République, chef de l'État, définit la politique de la Nation avec des attributions qui englobent tous les aspects de la vie de l'État, alors qu'il est maître de la définition des attributions des autres organes du pouvoir exécutif, en même temps qu'il peut, presque à sa guise, opérer des incursions dans la fonction législative.

Malgré l'avancée progressive de la démocratie en Guinée la culture politique reste fragile, et même faible. Le culte du Chef reste vivace et même fort avec la conséquence qu'il n'y a aucune difficulté à amener le président de la République à refuser l'exercice de ses prérogatives comme celle de son message devant l'Assemblée[3] *et de la ratification des Traités*[4]*, de lui faire prendre des actes qui ne relèvent pas de sa compétence comme convoquer les sessions ordinaires de l'Assemblée nationale, d'accomplir des actes qui lui sont interdits par la constitution, comme s'impliquer dans les activités d'un parti politique alors que le dernier alinéa de l'article 45 de la Constitution place le président « au-dessus des partis politiques ».*

Justement, la présente étude du régime politique et des phénomènes sociaux guinéens tient compte de la réalité locale, prise en compte sans laquelle toute position ne peut être que relative.

---

[2] Article 119 de la Constitution

[3] Article50 Constitution

[4] Article 45 et 149, alinéa 1er Constitution

Ce livre provoque des réflexions et trace quelques pistes de réponses à des préoccupations inhérentes à l'exercice démocratique du pouvoir d'État en Guinée.

Ambassadeur Ansoumane CAMARA

Introduction

NOTION DE POUVOIR

Dans son acception la plus générale, le **pouvoir** désigne la faculté, la capacité ou l'aptitude d'agir, de manifester sa volonté, d'influencer le débat public dans un sens ou un but déterminé, d'exercer une autorité.

Le **pouvoir**, suivant cette acception, est propre à l'être humain. Il est une composante essentielle de toute vie en société. On parle alors du pouvoir sur la nature comme du pouvoir sur les hommes ou, plus exactement, de gouvernement des hommes et d'administration des choses, de puissance publique.

La notion de pouvoir sert, sur le plan du droit, à désigner la capacité reconnue à une personne d'accomplir des actions, d'exercer une fonction, c'est-à-dire une compétence, une autorité ou une influence, en vue de réaliser des projets, d'atteindre des objectifs, de produire des résultats.

La notion de pouvoir se confond, dès lors, avec celles de la légitimité et de la légalité permettant de prendre une décision ou de l'influencer ou encore de la modifier. La légitimité reflète ainsi la conformité du pouvoir à des valeurs morales et de comportement conditionnant son acceptation spontanée par la société en question. La légalité traduisant sa conformité à des normes précises, sans lesquelles le pouvoir perd sa substance et son essence qui sont inhérentes à son caractère de force doté de la capacité de convaincre et de contraindre en cas de besoin.

La fonction, comprenant la compétence et l'autorité attribuées à une ou plusieurs personnes, apparaît comme un ensemble de droits et de prérogatives ayant leurs sources dans les lois ou les coutumes.

Elle est liée (*« compétence liée »*), lorsque celui qui la détient n'a qu'une liberté d'action très limitée, restreinte, c'est-à-dire une étroite marge de manœuvre.

Elle est au contraire discrétionnaire (*« compétence discrétionnaire »*) lorsque le bénéficiaire conserve et détient une marge d'action ou d'appréciation potestative étendue.

L'exercice de la compétence, celle-ci entendue comme le pouvoir légal ou légitime, peut être directe ou indirecte, statutaire ou déléguée, potestative ou conditionnée.

LE POUVOIR POLITIQUE

Lorsque l'exercice du pouvoir concerne toute la société, qu'il assure la cohésion sociale, établit l'équilibre collectif et qu'il a en charge de réguler les relations à l'intérieur de la communauté, d'intervenir par la coercition pour prévenir ou apaiser les conflits et limiter les clivages de la société, alors il prend la dénomination de pouvoir politique, de pouvoir d'État.

Le pouvoir politique se distingue, dès lors, par son caractère territorial qui permet d'identifier une communauté humaine. Conçue comme puissance, c'est-à-dire autorité suprême détenue par un Peuple, le pouvoir politique prend la dénomination de souveraineté, qui est un attribut essentiel de l'État, en ce qu'il est un pouvoir absolu, réunissant les prérogatives législatives, judiciaires et exécutives. *« La souveraineté est la puissance absolue et perpétuelle d'une République (...) c'est-à-dire la plus grande puissance de commander »*[5] absolue et perpétuelle, la souveraineté l'est

---

[5] Jean Bodin dans les six livres de la République (1608) p.122

avant tout parce qu'elle « *n'est limitée, ni en puissance, ni en charge à un certain temps* »[6]

La constitution guinéenne pose, pour principe, que « '*la souveraineté nationale appartienne au Peuple qui l'exerce par ses représentants élus ou par voie de référendum* »'.[7] Il se dégage de ce principe constitutionnel que le Peuple, parce que souverain, est celui qui décide de son destin et quelles sont les personnes compétentes pour telle ou telle matière, auxquelles il peut donc déléguer ou transférer des compétences, sans que cela amoindrisse sa souveraineté, tant qu'il conserve la possibilité de les reprendre.

L'élection apparaît, à la fois, dans cette disposition constitutionnelle, comme le moyen de délégation ou de transfert et celui de conservation et de reprise des compétences transférées.

Il résulte, de ce qui précède, que la souveraineté se définit en rapport à un territoire dont les frontières sont préservées de manière permanente et à l'intérieur desquelles s'appliquent les lois qu'elle édicte et s'exercent sa force de coercition et son droit de règlement des conflits.

À ce propos, Louis Le Fur écrit : « *La souveraineté est la qualité de l'État de n'être obligé ou déterminé que par sa propre volonté, dans les limites du principe supérieur du droit, et conformément au but collectif qu'il est appelé à réaliser* »[8]

La souveraineté exprime à la fois le pouvoir, le mode de régulation propre au pouvoir politique, notamment le recours ultime à la force, pour la sauvegarde de l'ordre public établi par la loi et la coutume. Il en résulte que le contrôle des

---

[6] Jean Bodin dans les six livres de la République (1608) p.125

[7] Article 2 constitution

[8] État fédéral et confédération d'États par Louis Le Fur (1896) p.443 ouvrage publié sur le site Internet : archives.com

moyens de violence reste formellement associé au pouvoir politique.

Ce dernier peut être menacé par d'autres entités politiques : le risque de guerre étant inhérent aux relations entre entités politiques et chacune est appelée à s'y préparer, ou tout au moins, à le prévenir. C'est pourquoi pouvoir politique et pouvoir militaire se trouvent imbriqués et détenus dans les mains de l'Exécutif.

À ce sujet, Hobbes écrit : « *Aussi longtemps que les hommes vivent sans un pouvoir commun qui les tient tous en respect, ils sont dans cette condition qui se nomme guerre, et cette guerre est guerre de chacun contre chacun. Car la guerre ne consiste pas seulement dans la bataille et dans les combats effectifs, mais dans un espace de temps où la volonté de s'affronter en des batailles est suffisamment avérée : on doit par conséquent tenir compte, relativement à la nature de la guerre, de la notion de durée, comme on en tient compte relativement à la nature du temps qu'il fait. De même, en effet, que la nature du mauvais temps ne réside pas dans une ou deux averses, mais dans une tendance qui va dans ce sens, pendant un grand nombre de jours consécutifs, de même la nature de la guerre ne réside pas dans un combat effectif, mais dans une disposition avérée, allant dans ce sens, aussi longtemps qu'il n'y a pas assurance du contraire. Tout autre temps se nomme Paix* ».[9]

Le pouvoir politique est consubstantiel à la prérogative coercitive, inséparable de la légitimité dans la définition de l'État. En effet, la détention, pour son propre compte, du monopole de la contrainte légitime distingue l'État d'un simple groupement politique.

---

[9] Dans le chapitre 13du Le Leviathan

Sous cet aspect, le pouvoir politique représente la capacité légale pour une personne ou une entité à détenir la puissance publique, à exercer une fonction, une compétence, une autorité ou une influence, de prendre une décision et de l'exécuter.

CHAPITRE PREMIER :

Du pouvoir exécutif

Le mot « '***Pouvoir*** » accolé à l'adjectif « **'exécutif** » donne « '***Pouvoir exécutif*** », c'est-à-dire l'Institution constitutionnelle ou l'organe appelé plus couramment ***Exécutif,*** qui assume les quatre fonctions principales suivantes de l'État :

1. Édicter des règlements et exécuter les lois et les décisions de justice,

2. Définir ou prendre les mesures nécessaires à leur mise en application,

3. gérer les affaires courantes de l'État,

4. conduire les relations internationales.

Ces fonctions impliquent que le pouvoir ne peut exister sans un détenteur qui l'exerce, une communauté de personnes qui l'accepte et un territoire sur lequel ce pouvoir s'exerce.

Le pouvoir a nécessairement un fondement (coutumier, légal) et ce fondement conditionne à la fois l'organisation structurelle et fonctionnelle de ce pouvoir et son encadrement. La détention du pouvoir justifie son détenteur commande et puisse se faire obéir.

De ce qui précède, il ressort que les institutions étatiques définissent généralement l'équilibre entre la légitimité et la force coercitive de la puissance publique et déterminent, dans une large mesure, la manière dont fonctionne le cadre constitutionnel.

Les choix institutionnels sont donc extrêmement importants pour l'essor de la démocratie, la progression de la transparence et l'instauration de la bonne gouvernance. *Les deux options les plus importantes, auxquelles sont confrontés les architectes des nouvelles constitutions démocratiques, sont l'alternative entre des élections pluralistes et la représentation proportionnelle d'une part, et entre une forme parlementaire et une forme présidentielle de gouvernement, d'autre part.*

Si chaque option présente des atouts et des faiblesses, le plus important pour les sociétés en voie de démocratisation, voire pour celles dites démocratiques, est d'adopter des systèmes électoraux favorisant une démocratie de conciliation, plutôt que de confrontation, et des politiques du secteur public garantissant l'alternance politique par l'implication de toutes les composantes de la société, et plus particulièrement, l'inclusion effective des minorités et non leur exclusion ou leur marginalisation.

En outre, pour consolider la démocratie dans un cadre institutionnel, il faut que les acteurs politiques et le public parviennent à accepter que la prévention et la résolution des conflits se fassent nécessairement dans le cadre d'un dialogue respectueux des lois, des procédures et des institutions adoptées dans le cadre d'un processus démocratique crédible, et non par d'autres moyens antidémocratiques.

Par conséquent, la vitalité et durabilité de la démocratie dépendent plus que du simple choix de bonnes institutions démocratiques ; elle dépend aussi de l'interaction citoyenne et conviviale entre les cultures, voire les traditions locales et les institutions politiques.

L'on ne cesse de répéter que les institutions, dans toutes leurs dimensions, ne peuvent être démocratiques, si elles ne prennent pas en considération la manière par laquelle est incorporée la gestion du « *bien commun* » dans le système politique comme expression de la volonté générale dans le *« vivre ensemble »*.

Dans ces conditions, l'État de droit ne peut être réalisé lorsque le monopole de la contrainte n'est pas accepté comme étant légitime, parce que légal et inhérent à la préservation de l'ordre public et la sauvegarde de la quiétude, et lorsque la jouissance des bienfaits de l'ordre public et la redistribution des richesses résultant du *« bien commun »* ne bénéficient pas à tous les citoyens de manière équitable.

Le Pouvoir politique est alors considéré comme découlant de la Loi, expression de la souveraineté du Peuple.

Le Pouvoir politique dans l'État de droit est exercé par les représentants du Peuple souverain dans des limites qui sont fixées par une Constitution.

L'État de droit, comme finalité de la construction de la démocratie et de la paix, suppose le développement de pouvoirs spécialisés, d'Institutions diverses, qui mettent en œuvre le formalisme légal, surveillent son application, préviennent ou sanctionnent son non-respect et, plus globalement, impliquent le déploiement de l'administration et des forces de maintien de l'ordre public : donc la manifestation du pouvoir bureaucratique, pouvoir bureaucratique qui ne saurait être incompatible avec l'État de droit, la démocratie, la sûreté juridique et la pacification des relations sociales.

Les Pouvoirs spécialisés de l'État sont :

1. Le Pouvoir exécutif,

2. Le Pouvoir législatif

3. Le Pouvoir judiciaire.

Parallèlement aux Institutions qui forment et représentent ces pouvoirs spécialisés, la Constitution guinéenne a créé diverses autres instituions qui sont investies de prérogatives et de rôles leur permettant d'exercer une influence considérable sur ces trois pouvoirs. Ces Institutions sont dotées de compétences d'appui à la primauté de la loi, à la démocratie, à la bonne gouvernance et à la promotion des droits de l'Homme.

Le Pouvoir exécutif, dans l'esprit de la Constitution, incarne la permanence et le caractère contraignant de la responsabilité politique.

L'institutionnalisation de l'État, faut-il le rappeler, s'est faite par un long processus historique, suivant une lente concentration du pouvoir politique au profit du monarque. Cette concentration s'est consolidée à travers la collecte des impôts, la création de la monnaie, la garantie de la sécurité publique, la sauvegarde de l'ordre public, l'organisation de la défense ~~et~~ du territoire devenues, au fil des siècles, quelques-unes de ses attributions dites régaliennes.

L'apparition de la monnaie a d'abord permis au souverain de rétribuer ses préposés en argent et de s'assurer leur service et leur fidélité.

Ensuite, se constituèrent progressivement les armées et les administrations modernes, au sein desquelles les préposés demeurent dépendants de l'État, qui, de la sorte, échappe à la tendance à l'éclatement, caractéristique de l'époque médiévale.

Le pouvoir politique cesse progressivement de résider dans l'individu pour s'institutionnaliser, c'est-à-dire qu'il trouve son siège dans une fonction organisée, celle-ci soumise à des règles inviolables (ex. : la présidence de la République). Elle comporte l'obligation, pour son détenteur, non seulement de respecter, mais concomitamment, de faire respecter les lois et les décisions juridictionnelles et de rendre compte périodiquement de l'exercice de ses responsabilités.

La mise en place d'institutions socialisatrices et intégratrices : armée, administration, école, santé… régies par des règles communes et particulières a généré l'identité nationale et construit l'État, en tant qu'unité politique par laquelle la nation s'est constituée et structurée, dans la perspective permanente d'unifier les populations et de rassembler le Peuple.

L'État, avec une majuscule, désigne la personne morale de droit public qui, sur le plan juridique, représente une communauté humaine, un peuple ou une nation, vivant à l'intérieur ou à l'extérieur d'un territoire déterminé, sur lequel elle exerce le pouvoir suprême, c'est-à-dire la souveraineté.

Dans le Titre II de la Constitution, articles 5 à 26, consacré aux libertés publiques et droits fondamentaux, il est fait mention, une dizaine de fois, du rôle de l'État, en tant que forme la plus élaborée de la vie commune d'une société humaine.

Exerçant la puissance publique par l'action du gouvernement, l'État dispose d'un certain nombre de monopoles comme l'utilisation légitimée de la force publique, pour faire respecter les lois, maintenir l'ordre, faire cesser la violation des droits de l'homme et garantir la stabilité de la Nation.

En raison de ces différents pouvoirs, l'État s'entend de l'ensemble des institutions et des organes de puissance publique, qui permettent de gouverner un pays et de gérer les affaires publiques, à savoir : les ministères et leurs divers services centraux, les Circonscriptions territoriales les Collectivités locales[10].

La Constitution guinéenne consacre les articles 26 à 57 au Pouvoir exécutif qu'elle investit d'attributions spécifiques, dont la plupart est discrétionnaire et se manifeste sous la forme de décisions unilatérales prises directement, sans l'accord préalable du Pouvoir législatif, notamment dans le

---

[10]Article134 & suivants, constitution

cas de crise ou de situations d'urgence nécessitant une action rapide.

En outre, contrairement au pouvoir législatif, les délibérations, en Conseil des ministres, du pouvoir exécutif ne sont accessibles ni au public, ni aux médias.

Dans le nouveau système constitutionnel guinéen, le pouvoir exécutif est détenu par le Président de la République, sous l'autorité duquel, il est exercé par le Premier ministre et le gouvernement.

Il s'agit d'un Exécutif quasi bicéphale, qui fonctionne de la façon suivante : le Président de la République, élu au suffrage universel, est le Chef de l'État, il est assisté d'un Premier ministre, Chef du gouvernement, qu'il nomme et révoque librement.

Le terme gouvernement est polymorphe. Il s'entend soit de l'action de diriger politiquement, soit de l'ensemble des personnes qui assurent la direction politique d'un État, soit de l'ensemble des organes qui assurent la gestion des affaires d'un État.

Le Gouvernement, organe collégial et solidaire, est composé de ministres qui disposent, chacun, de pouvoirs et d'une autonomie propres. Sous ce rapport, il constitue l'instance de l'État, dont la fonction est de mettre en œuvre les lois adoptées par le pouvoir législatif et de faire exécuter les décisions de justice[11].

L'Exécutif dispose d'importants pouvoirs discrétionnaires, en la forme de décisions exécutoires précises directement par les membres du gouvernement (Décrets, Arrêtés, Décisions) sans le consentement spécifique de l'Assemblée nationale.

Ces pouvoirs de l'exécutif sont évidemment nécessaires dans la gestion quotidienne des affaires publiques comme

[11] Article 35, constitution

dans les situations exceptionnelles : état de siège ou d'urgence,[12] qui obligent à une action rapide.

SECTION I : Le Président de la République

Le concept de *« Président »* tient son origine du verbe latin *praesidere*, qui veut dire ***présider,*** c'est-à-dire diriger, occuper le premier rang, être à la tête, être au sommet, régir, guider, organiser, administrer, conduire, gérer, etc.

Si, dans la Constitution guinéenne, la République est conçue comme le système politique dans lequel l'État doit servir le *« bien commun »* et non des intérêts privés, alors le **Président de la République** désigne le **chef d'État, l'Autorité** placée au sommet de l'État, par le suffrage universel direct, pour organiser et conduire l'administration du *« bien commun »* du pays conformément à la Constitution.

La constitution dit que le Président de la République *« détermine et contrôle la conduite de la politique de la Nation »*[13]. La Présidence de la République est à la fois :

- **une fonction**, c'est-à-dire un ensemble d'actions, d'attributions, de pouvoirs conférés ou délégués, propres à la conduite de l'État,
- **une charge** c'est-à-dire une mission de responsabilité,
- et **une dignité** correspondant à un rang, une distinction honorifique, une qualité morale qui donne droit au *« respect suprême inconditionnel »*.

Comme fonction, la Présidence de la République est, par l'effet de l'élection, une délégation de pouvoirs et une attribution de prérogatives exceptionnelles. La délégation de pouvoirs est un acte juridique, réalisé à travers le suffrage universel direct, par lequel le délégant, en l'occurrence, le

---

[12] Article 92, constitution
[13] Article 45, constitution

Peuple souverain, la communauté des citoyens en âge d'élire, se dessaisit d'une fraction de ses pouvoirs pour les transférer au délégataire, en l'espèce, le Président de la République.

Cette fonction est la plus haute prévue par la constitution, dont une personne, en tant qu'individu et citoyen, peut être investie.

Le Président de la République assume les plus hautes charges de l'État, en ce qu'il réunit dans sa personne l'autorité civile suprême et l'autorité militaire ultime[14], qui font de lui le garant de la primauté de la Constitution et de l'indépendance nationale.

SECTION II : pouvoir personnel relatif

La tradition constitutionnelle de la Guinée a conçu la fonction et la charge présidentielles comme les éléments d'un pouvoir personnel et relatif, c'est-à-dire limité dans le temps et dans ses manifestations diverses.

Le caractère relatif, du point de vue du temps, est tiré des deux alinéas de l'article 27 de la Constitution : « *La durée de son mandat est de cinq ans, renouvelable une fois* ». « *En aucun cas, nul ne peut exercer plus de deux mandats présidentiels, consécutifs ou non* ».

Il est donc différent du pouvoir absolu, perpétuel et héréditaire du monarque.

Du point de vue de ses manifestations, le caractère relatif du pouvoir présidentiel s'entend de ce que son pouvoir, partagé avec le Premier ministre et le gouvernement, est contrôlé par le Pouvoir législatif et soumis à l'obligation redditionnelle ou obligation de rendre compte au Peuple de façon périodique des activités découlant des prérogatives conférées par la Constitution et les lois de la République.

---

[14] Article 47, constitution

Le pouvoir du président de la République est personnel parce que l'élection lui confère ces prérogatives « *intuitu personae* », en raison de la majorité des suffrages exprimés par les citoyens.

La personne élue et investie ne peut le transmettre ou le déléguer entièrement à une autre personne. Il n'en peut déléguer qu'une partie.

Ce caractère relatif et personnel, plutôt personnalisé, explique que le Président conjugue avec « *je* » et non avec le « *nous* » du monarque. C'est ce qui transparaît de la formulation de son serment à l'article 35.

Son aspect de dignité apparaît dans, entre autres, l'article 44 de la Constitution qui crée, pour les anciens présidents de la République, des avantages matériels et une protection dans les conditions qu'une loi organique détermine.

SECTION III : L'élection présidentielle

En vertu de l'article 27 de la Constitution, *« le Président de la République est élu au suffrage universel direct. »*

L'élection présidentielle détermine la personne qui sera investie des fonctions de président de la République pour un mandat de cinq ans. La Constitution dispose désormais que « '*la durée de son mandat est de cinq ans, renouvelable une fois. En aucun cas, nul ne peut exercer plus de deux mandats présidentiels, consécutifs ou non* ».

L'article 28 précise que le scrutin pour l'élection présidentielle *« a lieu quatre-vingt-dix jours au plus et soixante jours au moins avant la date de l'expiration du mandat du Président de la République en fonction. Le Président de la République fixe le jour du scrutin au moins soixante jours avant celui-ci. S'il y a lieu de procéder à un deuxième tour de scrutin, celui-ci est fixé au quatorzième jour après la proclamation des résultats définitifs du premier tour ».*

Le scrutin présidentiel est ouvert à tous les électeurs des scrutins nationaux, c'est-à-dire à tout citoyen :

- âgé de 18 ans ou plus au jour de l'élection ;
- de nationalité guinéenne ;
- qui jouit de ses droits civils et politiques ;
- inscrit sur les listes électorales.

SECTION IV : Éligibilité

L'article 29 fixe les conditions d'éligibilité aux fonctions, charges et dignités de Président de la République.

La première de ces conditions se décline en :

- être de nationalité guinéenne,
- jouir de ses droits civils et civiques,
- être dans un état de bonne santé certifié par un collège de Médecins assermentés, désignés par la Cour Constitutionnelle et
- être âgé de trente-cinq ans au moins.

La deuxième, dans l'ordre de l'article 29 de la constitution, est le dépôt des candidatures au Greffe de la Cour Constitutionnelle, quarante (40) jours au moins et soixante (60) jours au plus, avant la date du scrutin.

La troisième, qui n'est pas la condition de l'éligibilité, est en réalité la condition de la recevabilité de la candidature :

- celle-ci doit être présentée par un parti politique légalement constitué,
- chaque Parti ne peut présenter qu'une seule candidature.

Trente-neuf jours avant le scrutin, la Cour Constitutionnelle arrête et publie la liste des candidats.

D'autres conditions sont prévues par le code électoral, tel le dépôt du cautionnement, sous peine de nullité de la candidature.

SECTION V : Du régime de l'élection présidentielle

Le scrutin pour l'élection du Président de la République a lieu, quatre-vingt-dix jours au plus et soixante jours au moins, avant la date de l'expiration du mandat du Président de la République en fonction. (art.28)

Conformément à l'article 28, la date du scrutin est fixée soixante jours au moins avant le jour l'élection. L'article 29 précise que la Cour Constitutionnelle arrête et publie la liste des candidats trente-neuf (39) jours avant le scrutin, et les électeurs sont alors convoqués par décret (art.29).

L'article 30 envisage et règle l'hypothèse de la survenance du décès ou de l'empêchement définitif d'un candidat figurant sur la liste prévue à l'article 29. Dans ce cas, la Cour Constitutionnelle décide, s'il y a lieu, de rouvrir les délais pendant lesquels des candidatures nouvelles peuvent être déposées. « *Dans ce cas, une nouvelle date du scrutin est fixée dans les conditions prévues à l'article 28* ».

L'article 31 dispose que la campagne électorale est ouverte trente jours avant le scrutin et close la veille de celui-ci à zéro (0) heure. En pratique, la campagne présidentielle s'ouvre au lendemain du jour de la publication de la liste des candidats par la Cour Suprême.

En cas de second tour, la campagne électorale est ouverte le lendemain de la proclamation des résultats définitifs du premier tour et close la veille du scrutin du second tour à zéro (0) heure.

SECTION VI : Du mode de scrutin

Le système électoral fixé par l'article 37 de la Constitution est le **scrutin uninominal majoritaire à deux tours,** qui est un vote simple, sans pondération.

L'électeur doit choisir un candidat parmi plusieurs. Est alors compté le nombre de voix obtenues par chaque candidat. Le candidat qui aura recueilli la majorité absolue, c'est-à-dire plus de 50 % des suffrages exprimés, est élu.

Dans le cas contraire, un second tour est organisé quatorze (14) jours plus tard, après la proclamation des résultats définitifs par la Cour Constitutionnelle. Seuls les deux candidats ayant obtenu les plus grands suffrages exprimés y participeront.

À l'issue de ce second tour, celui des deux candidats qui aura recueilli le plus de voix (majorité relative) remporte les élections.

L'extrême simplicité du scrutin majoritaire à un tour qui permet une mise en place très économique, en temps et en ressources, n'a pas été retenue par le constituant guinéen parce qu'il comporte l'inconvénient de permettre l'élection d'un candidat qui peut se révéler minoritaire (une majorité d'électeurs ayant voté "contre" lui, ou n'ayant pas voté pour lui).

Exemple : Lors d'une élection, la candidate Fatou recueille 25 % des voix, le candidat Baba 20 % des voix, le candidat Sény 19 % des voix, le candidat Doura 18 % des voix et le candidat Jean 18 % des voix. La candidate Fatou qui n'aura recueilli que 25 % sera alors élue avec 75 % des électeurs dans l'opposition.

Un autre exemple, dans lequel les choix des électeurs porteraient sur une population de 25 membres, se présente, par ordre de préférence, comme suit :

- 10 électeurs choisissent Morlaye (1er choix) puis André, puis Maciré ;

• 8 électeurs choisissent André (1er choix) puis Maciré, puis Morlaye ;

• 7 électeurs choisissent Maciré (1er choix) puis André, puis Morlaye.

Avec ce système, Morlaye est élu, avec 10 voix, car la règle est celle de la majorité.

Telle est la raison pour laquelle le constituant guinéen a fait prévaloir le scrutin majoritaire à deux tours s'agissant de l'élection du Président de la République.

CHAPITRE II :

DE L'ENTRÉE EN FONCTION DU PRÉSIDENT DE LA RÉPUBLIQUE

Après avoir déclaré que « le Président de la République élu entre en fonction le jour de l'expiration du mandat de son prédécesseur » l'Article 34 précise que le Président en exercice reste en fonction jusqu'à la proclamation des résultats dans les cas suivants :

1. Lorsqu'à la suite de l'annulation d'une élection, aucun des candidats n'a été proclamé élu à cette date,

2. lorsque la Cour Constitutionnelle prononce la reprise de l'ensemble des opérations électorales, à cause du décès ou de l'empêchement définitif d'un des candidats au deuxième tour, survenu avant la proclamation des résultats définitifs, si le défunt candidat est celui qui recueille le plus grand nombre de suffrages,

3. lorsque l'organisation de l'élection est entièrement reprise avec une nouvelle liste de candidats à cause du décès, de l'empêchement définitif ou du retrait d'un des candidats, survenu entre l'arrêt de publication de la liste des candidats et le premier tour.

4. En cas de décès, d'empêchement définitif ou de retrait d'un des deux candidats arrivés en tête, entre le scrutin du premier tour et la proclamation provisoire des résultats, ou entre cette proclamation provisoire et la proclamation définitive des résultats du premier tour par la Cour

Constitutionnelle, le candidat suivant dans l'ordre des suffrages est admis à se présenter au second tour.

5. En cas de décès, d'empêchement définitif ou de retrait d'un des deux candidats arrivés en tête, entre la proclamation des résultats définitifs du premier tour et le scrutin du deuxième tour, le candidat suivant sur la liste des résultats du premier tour est admis au deuxième tour.

6. *« Dans les cas précédents, la Cour Constitutionnelle constate le décès, l'empêchement définitif ou le retrait et fixe une nouvelle date du scrutin ». « En cas de décès ou d'empêchement définitif du Président de la République élu, avant son entrée en fonction, il est procédé à de nouvelles élections dans le délai de soixante jours, le Président en exercice reste en fonction jusqu'à la proclamation des résultats ».*

L'article 34 de la Constitution prévoit également que le Président élu entre en fonction immédiatement, en cas de décès ou d'empêchement définitif du Président de la République en exercice. Cette disposition de la Constitution est une dérogation à son article 40.

L'article 35 introduit des innovations dans le serment que le Président de la République doit prêter devant la Cour Constitutionnelle à l'occasion de son installation dans la chaire présidentielle.

La première est relative au respect des décisions de justice. Les textes constitutionnels précédents se limitaient à la seule obligation de respecter et faire respecter les lois.

La seconde innovation est sa soumission à la rigueur de la loi en cas de parjure, c'est-à-dire que toute action ou inaction de sa part, qui serait constitutive de la violation de son serment doit entraîner la réprobation, dont la conséquence pourrait être sa poursuite pour haute trahison.

SECTION I : Des clauses d'honnêteté

La première clause d'honnêteté imposée au Président de la République résulte de l'article 36. Celui-ci est tenu, *« après la cérémonie d'investiture et à la fin de son mandat, dans un délai de quarante-huit (48) heures »*, de remettre au Président de la Cour Constitutionnelle *« la déclaration écrite sur l'honneur de ses biens »*.

Cette obligation incombe également *« au Président de l'Assemblée nationale, aux premiers responsables des Institutions constitutionnelles, au Gouverneur de la Banque centrale et aux responsables des régies financières de l'État »*, ainsi qu'aux ministres avant leur entrée.

« La déclaration initiale et celle de la fin de mandat ou des fonctions sont publiées au Journal officiel. La copie de la déclaration du Président de la République et des membres du Gouvernement est communiquée à la Cour des comptes et aux services fiscaux. Les écarts entre la déclaration initiale et celle de la fin de mandat ou des fonctions doivent être dûment justifiés ».

La deuxième clause est celle de l'article 39, qui prescrit que le Président de la République, pour toute la durée de son mandat, *« ne peut, par lui-même, par un membre de sa famille et même par autrui, acheter ou prendre en bail un bien qui appartient au domaine de l'État, sans l'autorisation de la Cour Constitutionnelle, dans les conditions fixées par la loi »*.

Il ne peut, non plus, prendre part, *« ni par lui-même, ni par autrui aux marchés publics et privés pour les administrations ou institutions relevant de l'État ou soumis à son contrôle »*.

Cette seconde clause oblige également le Premier ministre, les ministres et les Présidents des Institutions constitutionnelles.

SECTION II : De l'incompatibilité

En droit, l'incompatibilité est l'impossible coexistence de deux situations juridiques résultant de l'interdiction de la loi. Sous l'angle de la responsabilité, l'incompatibilité de fonctions empêche une personne d'exercer simultanément deux fonctions désignées par la loi ou leur nature.

Les incompatibilités, en ce qui s'applique à la présidence de la République, sont prévues à l'article 38 de la Constitution, qui dispose que la charge de Président de la République exclut l'exercice de toute fonction publique ou privée, même élective, quelle qu'elle soit.

Le constituant a voulu que le Président de la République se voue entièrement et uniquement, en temps, moyens et ressources, aux seules missions et tâches qu'il tient de l'élection et qui sont définies dans la Constitution et les lois.

La conséquence est que le Président élu doit, en particulier, cesser toutes responsabilités au sein d'un parti politique[15]. Ne pas le faire constitue une violation de son serment, puisque l'obligation de respecter et faire respecter la constitution ne peut être sélective, elle concerne toutes ses dispositions, sans exclusive.

Une circonstance spécifique aggrave la violation de cette obligation, parce que « *cesser toutes responsabilités au sein d'un parti politique* », avec l'usage par l'article 38 du verbe ***« devoir »*** au présent de l'indicatif, est une exigence impérative, voire péremptoire, de la Constitution, que celle-ci a renforcée, en plaçant le « *Président de la République... au-dessus des partis politiques ».*[16]

La lecture combinée des articles 38 et 45 de la constitution démontre, s'ils sont violés, qu'il ne s'agit pas d'une simple incompatibilité à la fonction présidentielle,

---

[15] Article 37, constitution

[16] Article 38 constitution

mais bien d'une prohibition, donc d'un cas objectivement grave d'infraction à la Constitution.

Mais, il faut constater que l'héritage du Parti-État se perpétue, car cette incompatibilité posée par la Loi Fondamentale de 1990 et par la Constitution de 2010 a été foulée au pied, sans que soit mise en œuvre la conséquence de la violation du serment, à savoir la poursuite pour haute trahison.

SECTION III : Des prérogatives du président de la République

En concevant le président de la République comme l'Institution qui veille au respect de la constitution, des lois et des décisions juridictionnelles, il est alors évident qu'il dispose de pouvoirs exceptionnels et exorbitants. Ceux-ci justifient, dès lors, l'attribution au chef de l'État de tout le pouvoir exécutif.

Les prérogatives du Président de la République, c'est-à-dire les pouvoirs, privilèges et droits exceptionnels attachés à sa fonction, sont énoncées dans les articles 45, 46, 47, 48, 49 et 51 de la Constitution.

En dehors de son rôle de chef de l'État, ainsi qu'il a été dit plus haut, le Président de la République ne peut exercer aucune autre fonction politique, aucun mandat électif, aucun emploi public, aucune autre activité professionnelle privée et lucrative.

Les pouvoirs attribués au président de la République lui permettent d'exercer sa fonction d'arbitre décrite à l'article 45 de la Constitution : « *Le président de la République veille au respect de la Constitution. Il assure le fonctionnement régulier des pouvoirs publics et la continuité de l'État. Il détermine et contrôle la conduite de la politique de la Nation. Il incarne l'unité nationale.* »

La liste détaillée de ces prérogatives se trouve dans le Titre III, IV, V et de la Constitution. Ils concernent :

- La Nation, art. 45
- le Conseil des ministres, art. 45 ;
- Le Premier ministre et les ministres, art.46 ;
- La Défense nationale et les Armées, art. 47 ;
- La Diplomatie et les ambassadeurs, art48 ;
- Le droit de grâce, art.49 ;
- Le référendum, art.51 ;
- L'initiative des lois et des amendements, art.84 et 85 ;
- La dissolution de l'Assemblée, art.92 ;
- La Cour constitutionnelle : art.95, 97, 100 ;
- Le Conseil supérieur de la Magistrature ;
- Les Accords et Traités internationaux, art. 149 ;
- Le Médiateur de la République, art. 129

Ces armes permettent au président d'agir tous azimuts en direction du Gouvernement, du Parlement, du Pouvoir judiciaire, de la Cour constitutionnelle et du peuple et ainsi le conduisent à surplomber tous les pouvoirs publics. Il ne faudrait pas, cependant, surestimer leur importance comme le prouvent leurs caractéristiques.

Elles sont :

➢ **Dissuasives**. En effet, elles sont censées faire tellement peur qu'elles doivent produire des effets sans être utilisées ou rarement. La dissolution est plus utile parfois si elle reste à l'état de menace que si elle est utilisée. Mais, dès lors, que ces armes ont été utilisées, voire mal utilisées alors leur effet dissuasif risque de diminuer.

➢ **Discontinues**. Les pouvoirs propres ne peuvent être exercés quotidiennement, à intervalles rapprochés. Pour certains l'espacement est réglé par la Constitution : 9 ans entre deux nominations à la Cour constitutionnelle, une dissolution, seulement à la troisième année de la législature. Les circonstances justifiant l'utilisation de l'art. 16 sont très rarement réunies.

§1. Chef de l'État

L'expression Chef de l'État vient du latin *caput regni*, la tête de l'État, faisant donc référence à une concentration du pouvoir.

La réforme constitutionnelle de 2010 instaure le quinquennat, qui repose essentiellement sur la valorisation de la fonction présidentielle au moyen de l'élection au suffrage universel direct, du droit de dissolution des assemblées et du recours au référendum.

Avec de telles prérogatives, le président de la République dispose de tous les instruments pour équilibrer le pouvoir législatif et pour stabiliser la fonction gouvernementale. Cette conception de la présidence explique que la Constitution de mai 2010 ait doté le président de la République des pouvoirs de dissolution et du référendum.

Le trait essentiel de la Constitution de 2010 installe le Chef l'État au rang de la force animatrice principale de la vie politique et en fait le guide suprême de la nation, capable de statuer durablement, appuyé par le pouvoir démocratique émanant de l'Assemblée nationale, également élue au suffrage universel et responsable de la vie politique quotidienne.

Cependant, il faut noter qu'en cette qualité et au sens de l'alinéa 1er de l'article 2 de la Constitution, le Président de la République n'est pas lui-même le **souverain**, il est le garant de la **souveraineté** du **peuple** et représente en permanence la République.

La constitution, en précisant *« Le Président de la République est au-dessus des partis politiques »,* l'investit d'une mission tout à fait particulière, qui le place au-dessus des pouvoirs exécutifs et législatifs. Sept fonctions lui sont attribuées :

1. Il préside le Conseil des ministres.

2. Il veille au respect de la Constitution, des engagements internationaux, des lois et des décisions de justice.

3. Il assure le fonctionnement régulier des pouvoirs publics et la continuité de l'État,

4. Il détermine et contrôle la conduite de la politique de la Nation.

5. Il a l'initiative des lois, qu'il promulgue et du référendum

6. Il détient le pouvoir réglementaire,

7. Il incarne l'unité nationale.

En indiquant que le Président « '*assure le fonctionnement régulier des pouvoirs publics* », la Constitution fait incomber l'organisation de l'ensemble des pouvoirs publics au Chef de l'État, qui est ainsi attributaire et dépositaire des plus hautes fonctions exécutives de l'État, dont l'exercice lui donne une large liberté de manœuvre.

Ainsi, la constitution en fait « *le garant de l'intégrité du territoire* », mais aussi le « *garant de l'indépendance de la Nation* », or qu'est-ce que la Nation sinon la communauté des citoyens consciente de son identité et qui conçoit la construction de son avenir, à partir d'un regard critique sur son histoire et sur le projet de société qui lui est proposé, pour justifier son suffrage en faveur de l'élu.

Enfin, le Président de la République est le « *garant du respect des engagements internationaux* » c'est-à-dire de la parole donnée au nom de l'État sur la scène internationale aux autres États. Tout, dans cet article, renvoie à l'État, à ses éléments constitutifs. Le contenu de la fonction se dessine désormais avec une plus grande précision.

Par ailleurs, la Constitution énonce les responsabilités du Président, en ces termes : « *Le Président de la République est garant de l'indépendance nationale, de l'intégrité du territoire et de la cohésion nationale. Il est responsable de la défense nationale. Il préside le Conseil Supérieur de Défense nationale. Il est le chef des Armées. Il nomme à tous les emplois militaires. Le Président de République peut, outre les fonctions spécialisées de défense de l'intégrité territoriale dévolues à l'Armée, faire concourir celle-ci au développement économique de la Nation et à tout autre tâche d'intérêt public, dans les conditions définies par la loi* ».

Cette disposition indique que la fonction présidentielle se déploie sur deux plans : « *celui de l'État ou de la République qui s'adosse à la nation des citoyens et celui de la démocratie qui exprime les exigences du peuple, entendu comme réalité sociologique et juridique* ».[17]

Le président de la République veille au fonctionnement régulier des pouvoirs publics et assure la continuité de l'État.

Il doit donc faire exécuter les lois et les décisions dans le respect de deux principes fondamentaux :

1. *« nul n'est censé ignorer la loi »*,
2. *« nul n'est au-dessus de la loi »*.

De ce qui précède, il faut admettre que les décisions du Chef de l'État doivent s'entourer de la prudence et de la flexibilité que justifie le besoin de célérité et d'opportunité en politique intérieure, comme en politique étrangère.

Ce pouvoir discrétionnaire, et même arbitraire, d'agir pour le bien public constitue, sans nul doute, l'essence de sa prérogative exceptionnelle.

L'exigence de conformité de ses actes aux lois répond au souci, non de restreindre la marge de manœuvre que lui

[17] Georges Burdeau « la conception du pouvoir dans la constitution française du 4 octobre 1958 » PFSP 1959 page 87 et s.

fournit cette prérogative, mais de prévenir et limiter les dérives qui pourraient résulter de l'inclination humaine à abuser des pouvoirs et privilèges attribués ou délégués.

En politique interne, sa première mission est de veiller au respect de la Constitution, dont il est le Gardien. L'article 45, à cet égard, énonce que le Président de la République « *veille au respect de la Constitution, des engagements internationaux, des lois et des décisions de justice* », c'est en vertu de cette disposition qu'il « *est installé dans ses fonctions après avoir prêté serment devant la Cour Constitutionnelle* ».

Cette mission lui confère la prérogative de saisir la Cour constitutionnelle, en vue de faire contrôler la constitutionnalité des lois ou encore la constitutionnalité des traités. Cette prérogative réside dans le pouvoir d'interprétation de la Constitution par la Cour Constitutionnelle. Ce pouvoir est bien réel, il a une importance qui est loin d'être négligeable[18].

En tant qu'usager de la Constitution, le Président de la République peut apprécier la régularité de telle ou telle action des autres pouvoirs publics, sous réserve, bien sûr, de l'intervention possible de la Cour constitutionnelle.

Toutefois, cette dernière ne peut se prononcer que sur la constitutionnalité des lois et des traités ainsi que sur la répartition des matières entre l'Assemblée nationale et le Pouvoir exécutif.

Mais l'essentiel des prérogatives présidentielles réside dans l'interprétation de ses propres pouvoirs.

---

[18] Voir Philippe Ardant « L'article 5 et la fonction présidentielle » Pouvoirs n® 41 1987

§2. DES POUVOIRS PROPRES DU PRÉSIDENT DE LA RÉPUBLIQUE.

Le Président nomme le Premier ministre et les autres membres du gouvernement et met fin à leurs fonctions.

Il veille au respect de la Constitution, des engagements internationaux, des lois et des décisions de justice.

Il assure le fonctionnement régulier des pouvoirs publics et la continuité de l'État.

Il détermine et contrôle la conduite de la politique de la Nation.

Il incarne l'unité nationale.

§3. DE LA PRÉSIDENCE DU CONSEIL DES MINISTRES.

Le Conseil des ministres est la seule réunion formelle de l'ensemble des membres du Gouvernement, dont le Président de la République arrête la date et le lieu de sessions.

Le Conseil des ministres est l'instance permettant au Président de la République de diriger le pouvoir exécutif et de coordonner l'action gouvernementale, malgré le grand rôle théoriquement dévolu au Premier ministre par la Constitution.

Il lui permet de contrôler l'élaboration et la mise en œuvre du programme politique du Président de la République et de donner ou refuser son accord à un certain nombre de décisions importantes, et, plus généralement, de marquer de ses vues les discussions impliquant l'ensemble du Gouvernement.

La présidence du Conseil des ministres lui donne l'occasion d'être constamment informé des travaux gouvernementaux, de les influencer de manière décisive.

Le Président peut, par ailleurs, présider des conseils restreints comprenant certains ministres.

La procédure de délibération en Conseil des ministres avant la prise de décision, en plus de renforcer l'esprit de collégialité et de solidarité gouvernementales, favorise la transparence dans la sélection des cadres, la planification et la coordination des projets et programmes des Ministères, en même temps qu'elle prévient le risque de voir les actes du Président de la République soumis à un contrôle de légalité.

Le Conseil des ministres, instance collégiale de décision, atténue également le bicéphalisme du pouvoir exécutif prévu par la Constitution.

En effet, le Président de la République dirige, sauf délégation de pouvoir au Premier ministre, les séances du Conseil des ministres.

La direction du Conseil des ministres donne la plénitude du Pouvoir exécutif au Chef de l'État qui l'exerce en collège avec le Gouvernement.

Dualité et Unité se lient pour former le socle de l'efficacité et de l'harmonie des actions et politiques sectorielles.

C'est parce qu'il *« détermine et contrôle la conduite de la politique de la Nation »* que sa fonction de Président du Conseil des ministres doit lui fournir les moyens d'assurer « *le fonctionnement régulier des pouvoirs publics et la continuité de l'État* ».

Il peut, à titre exceptionnel, se faire remplacer par le Premier ministre, en vertu d'une délégation expresse et pour un ordre du jour déterminé[19].

Le secrétaire général de la Présidence de la République et le secrétaire général du Gouvernement, qui élaborent le compte-rendu des réunions, assistent également au Conseil.

---

[19] Article56, constitution

Le Conseil est traditionnellement réuni chaque jeudi à 10 h, au Palais Sèkhoutouréya, la résidence officielle du président de la République. C'est le lieu normal de réunion du Conseil. Le président de la République peut toutefois convoquer le Conseil aillcurs, partout sur le territoire national.

§ 4. IL DISPOSE DU POUVOIR RÉGLEMENTAIRE ET SIGNE les décrets et les ordonnances délibérées en Conseil des ministres. À côté des fonctions que définissent les articles 45 à 47, le Président de la République est investi d'une fonction plus politique qui consiste dans le choix d'options politiques garantissant le fonctionnement régulier des pouvoirs publics et assurant la continuité de l'État.

§ 5. IL NOMME ET RÉVOQUE aux plus hautes fonctions civiles et militaires déterminés par la loi, par décret pris en Conseil des ministres.

La Constitution est précise en ce qu'elle limite et lie le pouvoir de nomination du Président de la République. En effet, elle dispose : « *il nomme en Conseil des ministres aux emplois civils dont la liste est fixée par une loi organique* ».

La *« liste est fixée par une loi organique »* est la restriction que la Constitution impose au Président de la République, signifiant que la nomination dans certaines catégories de fonctions lui échappe.

Une sorte de répartition des tâches est prévue, en ces termes, par l'article 46, alinéa 3 : « *Il* (le président) *nomme en Conseil des ministres aux emplois civils dont la liste est fixée par une loi organique.* » Et par l'article 58 : « *Le Premier ministre dispose de l'Administration et nomme à tous les emplois civils, excepté ceux réservés au Président de la République.* »

Ainsi, le Président de la République devrait nommer aux emplois supérieurs et le Premier ministre aux Emplois ordinaires.

Dans la droite logique de l'article 45 de la Constitution, l'article 58 énonce : « *le Premier ministre dispose de l'Administration et nomme à tous les emplois civils, exceptés ceux réservés au Président de la République* ».

Conséquemment, la Constitution pose la règle générale selon laquelle le droit commun des nominations aux *emplois civils* appartient au Premier ministre, alors que le Président de la République ne peut nommer qu'aux seuls « *emplois civils dont la liste est fixée par une loi organique* ».

Cette loi n'a pas été prise, le CNT y ayant été vigoureusement empêché, avec l'argument que l'Assemblée nationale y pourvoira. Ce qui risque de ne jamais arriver, entraînant une violation constante et itérative de la Constitution.

La nomination « *aux emplois civils* » par le Président de la République est une compétence liée dans la mesure où « *il nomme en Conseil des ministres...* » et, par ailleurs, « *toute nomination ou affectation de Magistrat, sans l'avis conforme du Conseil Supérieur de la Magistrature, est nulle et de nul effet* ».

§ 6. IL PROMULGUE ET PUBLIE LES LOIS[20].

La **promulgation** est l'acte par lequel le chef de l'État constate et atteste la régularité du processus parlementaire d'adoption d'une loi.

Par sa signature, le Président authentifie la loi et la rend exécutoire. Une loi simplement votée par le Parlement n'a aucune valeur. En droit, le Président examine la forme de la loi, il vérifie que la loi a été discutée et adoptée en conformité

[20] Articles 78, 79, 81, constitution

avec la Constitution. En conséquence, le Président est obligé de promulguer une loi même si son contenu ne lui convient pas. S'il ne respectait pas le délai de 10 jours de l'article 78, qui court huit (8) jours francs après son adoption par l'Assemblée, la loi, en vertu de l'article 81, entre en vigueur et la Cour constitutionnelle ordonne son enregistrement et sa publication au Journal officiel.

Selon l'article 80, « *Dans les huit jours francs qui suivent l'adoption d'une loi, le Président de la République, un dixième au moins des Députés ou l'Institution Nationale indépendante des Droits Humains, peuvent saisir la Cour Constitutionnelle d'un recours visant à faire contrôler la conformité de la loi à la Constitution. Le délai de promulgation est alors suspendu. La Cour Constitutionnelle statue dans les trente jours qui suivent sa saisine ou si le Président de la République en fait la demande, dans les huit jours. L'Arrêt de la Cour Constitutionnelle est publié au Journal officiel.*

Une disposition d'une loi déclarée non conforme à la Constitution ne peut être promulguée ni appliquée. L'Arrêt de la Cour Constitutionnelle s'impose à tous. Le délai de promulgation court à compter de la publication de l'Arrêt de la Cour Constitutionnelle qui déclare la loi conforme à la Constitution ».

Cette disposition donne une sorte de « *veto* » au président de la République, en même temps qu'elle lui impose, à travers des délais impératifs, une obligation de diligence, dont l'inexécution entraîne l'entrée en vigueur de la loi adoptée.

L'Assemblée ne peut, en droit, refuser la demande du Président et sera obligée de procéder à une nouvelle lecture du texte ou de certains de ses articles.

À partir du moment où un décret de promulgation a été pris, le texte de loi est intégré dans l'ordonnancement juridique, et entre en vigueur.

La promulgation rend le texte régulièrement adopté par le parlement obligatoire et exécutoire : la loi doit être obligatoirement exécutée par les organes de la puissance publique.

Elle ne sera opposable aux citoyens que par sa publication. Le journal officiel (JO) ne devrait donc plus être le seul médium de publication des textes officiels et il est temps de préciser dans les lois qu'elles seront publiées par le JO et Internet pour rendre le texte disponible, accessible et opposable aux citoyens, c'est-à-dire que les tribunaux peuvent en sanctionner le manquement.

Cette fonction impose une triple obligation au Président de la République, à savoir :

a. **La promulgation et la publication des lois**. Par le premier de ces deux actes, c'est-à-dire la promulgation, le Président de la République atteste la régularité de la procédure référendaire ou parlementaire d'adoption de la loi.

Le second, consistant en l'insertion du texte promulgué dans le Journal officiel, porte la loi à la connaissance de l'ensemble des personnes vivant sur le territoire national.

La promulgation et la publication sont les moyens par lesquels la loi est rendue opposable au citoyen, donc applicable, tant sous l'angle de la jouissance que dans celui de l'exercice et de la protection des droits et libertés.

b. **L'application de la loi comme fondement de l'État**.

Deux conséquences se dégagent de l'adage *« nul n'est au-dessus de la loi »* :

• L'État doit respecter la loi et se l'appliquer à lui-même, en conformant ou subordonnant ses propres actes à la loi, qui est et demeure la mesure de la vie nationale,

• La loi promulguée et régulièrement publiée s'impose *erga omnes*, c'est-à-dire sans discrimination. Nul ne peut être ni avantagé ni désavantagé.

c. **Le respect des droits humains**.

Le Président de la République, détenteur du pouvoir réglementaire, doit prendre les mesures de protection et de promotion des droits humains, en assurant en premier lieu la défense du caractère sacré de la vie et de la dignité de la personne et l'égalité des citoyens et en second lieu le respect de l'inviolabilité des droits garantis par la Constitution.

La fonction du Pouvoir exécutif, ne consistant pas seulement dans l'orientation de la politique du pays, englobe, au sens large et selon des auteurs comme Georges BURDEAU, la maîtrise de la production législative[21].

La Constitution, en effet, donne droit au Président de la République d'intervenir doublement dans le processus législatif, d'avoir donc la haute main sur l'élaboration des lois et d'intervenir dans des circonstances qu'il juge importantes.

D'un côté, l'initiative et l'amendement des lois lui appartiennent concurremment avec les Députés à l'Assemblée nationale.

De l'autre, après son adoption par l'Assemblée nationale, la loi est transmise, sans délai au Président de la République, pour être promulguée dans les dix jours, délai pendant lequel il peut, par message, demander à l'Assemblée nationale une nouvelle délibération, qui ne peut être refusée.

Le délai de promulgation est alors suspendu. Dans ce cas, « *la loi ne peut être votée en seconde lecture que si les deux tiers des membres composant l'Assemblée nationale se*

---

[21] Georges BURDEAU, Francis HAMON, Michel TROPER « Droit constitutionnel » LGDJ 23e éd. 1993 p. 147

prononcent pour son adoption. Son inscription à l'ordre du jour est prioritaire si la majorité des membres composant l'Assemblée nationale le demande »[22].

La Cour Constitutionnelle, dans les huit jours francs qui suivent l'adoption d'une loi, peut être saisie d'un recours visant à en faire contrôler la conformité à la Constitution, par le Président de la République, par un dixième au moins des Députés ou l'Institution Nationale indépendante des Droits Humains. Le délai de promulgation est alors suspendu. [23]

Le droit de demander une nouvelle lecture et de saisine de la Cour Constitutionnelle est une prérogative du Président de la République, dont le pendant est qu'il ne peut refuser de promulguer une loi régulièrement adoptée.

Pour éviter que le Président de la République s'oppose à l'entrée en vigueur d'une loi adoptée par l'Assemblée nationale, la Constitution dispose : « *en cas de non-promulgation d'une loi par le Président de la République dans les délais fixés, la loi entre en vigueur. La Cour constitutionnelle ordonne son enregistrement et sa publication au Journal officiel* ».[24]

La non-promulgation de la loi régulièrement adoptée n'est donc pas une violation de la Constitution imputable au Président de la République, du moment que la mise en vigueur de la loi, dans cette circonstance, incombe à la Cour constitutionnelle qui, il faut le souligner, ne peut s'autosaisir.

Or, il se trouve que la Constitution ne dit pas expressément quelle en est la procédure. Mais on peut déduire de l'article 80 de la Constitution que, de la même façon que : *« dans les huit jours francs qui suivent l'adoption d'une loi, le Président de la République, un dixième au moins des Députés ou l'Institution Nationale indépendante des*

---

[22] Article 79, constitution
[23] Article80 constitution
[24] Article 81, constitution

Droits Humains, peuvent saisir la Cour Constitutionnelle d'un recours visant à faire contrôler la conformité de la loi à la Constitution », de même, un dixième au moins des Députés ou l'Institution Nationale indépendante des Droits Humains peut saisir la Cour constitutionnelle pour demander la mise en vigueur d'une loi régulièrement adoptée par l'Assemblée.

Conséquemment, l'Assemblée nationale et l'Institution nationale des droits humains (INIDH) violeraient la Constitution en s'abstenant de saisir la Cour constitutionnelle pour la mise en vigueur de la loi que le Président de la République s'abstiendrait de promulguer.

§ 8. Président du Conseil Supérieur de la Magistrature

Organe constitutionnel original, tant par sa composition que par ses pouvoirs et sa place dans les institutions guinéennes, le Conseil supérieur de la magistrature assiste son président de droit, le Président de la République, dans la mission de garant de l'indépendance du Pouvoir judiciaire qui lui est confié par la Constitution.

Il est compétent pour la nomination des magistrats du siège et du parquet et, dans sa formation disciplinaire, pour la discipline de tous ceux-ci.

Les magistrats ne sont soumis, dans l'exercice de leurs charges, qu'à l'autorité de la loi[25] et à la surveillance du Conseil supérieur de la magistrature (CSM).

Le CSM veille au bon fonctionnement des tribunaux et, notamment, à ce que les magistrats de l'ordre judiciaire s'acquittent de leurs charges avec indépendance, dignité, rigueur, assiduité, diligence et humanité.

« *Le Conseil Supérieur de la Magistrature donne son avis sur toute question concernant l'indépendance de la*

---

[25] Article 109, al.1er constitution

Magistrature, la carrière des Magistrats et sur l'exercice du droit de grâce. Il étudie les dossiers de grâce et les transmet, avec son avis motivé au Président de la République. Il statue comme conseil de discipline des Magistrats ».[26]

Le Conseil Supérieur de la Magistrature (CSM), comprenant 17 membres, est présidé par le Président de la République.

Lorsqu'il siège en formation disciplinaire, le Conseil Supérieur de la Magistrature est présidé par le Premier Président de la Cour Suprême.

Le fonctionnement, l'organisation et les autres compétences du Conseil Supérieur de la Magistrature sont fixés par la loi organique L/2013/055/CNT.

Les compétences du CSM sont :

- Surveillance administrative et contrôle de l'activité des magistrats judiciaires ;
- Instruction des plaintes concernant des magistrats dans l'exercice de leur fonction ;
- Prononcé de sanctions disciplinaires ou de mesures à l'encontre de magistrats (relève de charge, rétrogradation, injonction à compléter sa formation professionnelle, radiation, etc.) ;

Les Magistrats du siège, du Parquet et de l'Administration centrale de la Justice sont nommés et affectés par le Président de la République, sur proposition du ministre de la Justice, après avis conforme du Conseil Supérieur de la Magistrature.

Toute nomination ou affectation de Magistrat, sans l'avis conforme du Conseil Supérieur de la Magistrature, est nulle et de nul effet, dit la Constitution. L'avis du Conseil, en cette matière, est impératif et lie la compétence de nomination du Président de la République.

[26] Article 111, constitution

La nomination des Magistrats est une compétence liée du Président de la République, dont le décret doit être absolument conforme à l'avis du CSM. Du reste, il n'en peut être autrement, puisqu'il préside à cette occasion aux délibérations du Conseil, qu'il peut influencer.

Il est à noter que le Conseil Supérieur de la Magistrature donne son avis sur toute question concernant l'indépendance de la Magistrature, la carrière des Magistrats et sur l'exercice du droit de grâce.

Enfin, le CSM étudie les dossiers de grâce et les transmet, avec son avis motivé au Président de la République. Cet avis, de nature simplement consultative, ne le lie pas.

§ 9. Président du Conseil national de défense et de Sécurité

Cette autre prérogative exceptionnelle du Président de la République est fixée par l'article 47 de la Constitution qui dispose que « *le Président de la République est garant de l'indépendance nationale, de l'intégrité du territoire et de la cohésion nationale. Il est responsable de la défense nationale.* ***Il préside le Conseil Supérieur de Défense nationale****. Il est le chef des Armées. Il nomme à tous les emplois militaires. Le Président de République peut, outre les fonctions spécialisées de défense de l'intégrité territoriale dévolues à l'Armée, faire concourir celle-ci au développement économique de la Nation et à toutes autres tâches d'intérêt public dans les conditions définies par la loi* ».

« La défense ! C'est la première raison d'être de l'État. Il n'y peut manquer sans se détruire lui-même ».[27]

[27] Général Charles de Gaulle, dans deuxième discours de Bayeux en 1952

Le Conseil Supérieur de Défense nationale (CSDN) est une structure interministérielle, qui a pour but de fixer les objectifs et de coordonner la politique de sécurité et de défense.

Le conseil définit les orientations en matière de programmation militaire, de dissuasion, de conduite des opérations extérieures, de planification des réponses aux crises majeures, de renseignement, de sécurité économique et énergétique, de programmation de sécurité intérieure concourant à la Sécurité nationale et de lutte contre le terrorisme.

Institution clé en matière de sécurité, le conseil doit aussi coordonner et développer la lutte contre la délinquance.

Le conseil possède également compétence pour évaluer l'efficacité des mesures mises en œuvre dans le cadre de la Sécurité intérieure et il doit, de la même manière, garantir l'adéquation des moyens affectés aux enjeux contemporains entendus sous le vocable de Sécurité intérieure.

Le pouvoir de nomination aux fonctions militaires est une compétence qui n'est pas liée. Le Président de la République nomme et révoque librement, sans qu'il ait besoin d'un quelconque avis formel, à plus forte raison conforme.

La Constitution guinéenne, en déclarant le Président de la République « *garant de l'indépendance nationale, de l'intégrité du territoire et de la cohésion nationale* et *responsable de la défense nationale* », réunit entre ses mains la **défense et la sécurité** qui forment la sécurité nationale.

La sécurité est la plus importante fonction régalienne d'un État, car elle vise à assurer, en tous lieux, tous temps et toutes circonstances, l'intégrité du territoire, la protection des populations et la préservation des intérêts nationaux contre tous types de menaces et d'agressions. Elle participe également au respect des alliances, traités et accords internationaux.

La défense et la sécurité constituent les missions formant la base même de la notion d'État, si tant est que les communautés primitives se sont à l'origine rassemblées et organisées pour assurer leur sécurité.

La Constitution, en disant : « ***Il*** [le Président de la République] ***préside le Conseil Supérieur de Défense nationale »,*** veut dire, par l'usage du terme « ***conseil*** », que la défense et la sécurité sont nationales, c'est-à-dire qu'elles ne concernent pas seulement la défense militaire et les forces de sécurité, elle englobe toutes les administrations responsables de grandes catégories de fonctions de l'État ou de ressources essentielles à la vie du pays.

À cet égard, le Conseil de défense et de sécurité nationale rassemblera, outre le Président de la République et le Premier ministre, le ministre chargé des affaires étrangères, le ministre chargé de l'intérieur, le ministre chargé de la sécurité, le ministre chargé de la défense, le ministre chargé des finances, le ministre de la Justice et le ministre chargé de l'environnement.

D'autres ministres pourront y être associés selon la nature des questions abordées : par exemple, le ministre de la Santé pour la prévention des crises sanitaires, le ministre chargé de l'agriculture, s'agissant de la sécurité alimentaire.

§ 10. LE DROIT DE GRÂCE

La grâce est une mesure d'indulgence ou de pardon accordée par le Président de la République à une personne condamnée à une peine privative de liberté. Elle se présente sous la forme d'une remise de peine partielle ou totale en faveur d'un condamné ou la commutation d'une peine sévère en une autre plus douce ou son annulation.

Le recours en grâce est formulé auprès du président de la République, porteur de la volonté suprême du Peuple, auquel il appartient, aux termes de l'article 47 de la Constitution, de pardonner à l'auteur d'infractions.

Le Président est détenteur du privilège très ancien quasi royal, de remiser en tout ou en partie la durée de cette peine. Sa décision doit être précédée par une consultation du Conseil supérieur de la Magistrature (art.111). En pratique, il s'agit d'un pouvoir propre.

Le pouvoir de grâce est une prérogative traditionnelle des chefs de l'État héritée de la monarchie.

Il est à préciser que la grâce doit être accordée individuellement, ce qui explique la mission du CSM évoquée plus haut, ne permettant plus des grâces collectives.

L'exercice du droit de grâce comporte la procédure d'étude des dossiers par le Conseil supérieur de la Magistrature. Cette procédure lie-t-elle la volonté du Président, comme formalité obligatoire et insurmontable ou bien s'agit-il d'une modalité pratique pour préparer et éclairer la décision du Président ?

Il ne peut s'agir que d'une modalité et non d'une exigence ou une condition insurmontable.

La procédure d'étude préalable est destinée à permettre aux décisions de grâce d'être en cohérence avec la politique pénale.

La grâce ne s'applique qu'à une condamnation définitive et exécutoire, mais n'efface pas cette dernière, qui continue à figurer au casier judiciaire avec la mention de la mesure gracieuse octroyée.

La grâce doit être demandée : par le condamné lui-même, un de ses proches, son avocat, une association ou le procureur de la République.

Les recours sont instruits par le Bureau des grâces du ministère de la Justice. En cas d'avis favorable, un projet de décret de grâce est envoyé à la présidence de la République, qui peut ne pas y donner suite.

Le décret de grâce n'est pas normalement publié au Journal officiel et n'est soumis à aucun contrôle juridictionnel.

Cependant, la Guinée a pris le pli de faire une publication de tous les actes réglementaires dans le dessein de mettre en relief une certaine image du Président de la République, allant dans le sens du culte de la personnalité.

Par le biais, de ce que l'on appelle *« amnistie par mesure individuelle »*, l'initiative de la loi d'amnistie constitue également une prérogative du seul président de la République.

C'est donc, en toute logique, que le président de la République détient seul l'initiative des lois d'amnistie, qui ont pour effet de supprimer rétroactivement le caractère délictueux des faits auxquels elles se rapportent.

Elle peut être accordée alors qu'aucune peine n'a encore été prononcée ou après une condamnation définitive. Celle-ci est alors effacée et aucune information ne figure au casier judiciaire des bénéficiaires de la mesure.

SECTION IV : Pouvoirs à l'égard de l'Assemblée nationale

Les attributions du Président de la République à l'égard du Pouvoir législatif concernent le pouvoir d'ouvrir et de clore les sessions extraordinaires du Parlement, le droit de message, le droit de dissolution de l'Assemblée nationale, la promulgation des lois, le droit de demander une nouvelle délibération, le droit de saisir la Cour constitutionnelle.

I. Le pouvoir d'ouvrir et de clore les sessions extraordinaires de l'Assemblée nationale.

Il convient d'ouvrir une parenthèse à cause d'une pratique qui manque totalement de pertinence et qui, en vérité, est une violation de la Constitution. L'ouverture des sessions ordinaires de l'Assemblée nationale est de plein et n'a pas besoin de décret.

Elle échappe totalement à la compétence du Président de la République. En effet, l'article 68 de la constitution, par l'usage de la notion juridique « *de plein droit* » ne laisse aucune place au doute ou à l'équivoque quand il dispose : « *L'Assemblée nationale se réunit de plein droit en session ordinaire deux fois par an. – La première session s'ouvre le 5 avril, sa durée ne peut excéder quatre-vingt-dix (90) jours ; – La deuxième session s'ouvre le 05 octobre, sa durée ne peut excéder quatre-vingt-dix (90) jours ; si le 5 avril ou le 5 octobre est un jour férié, l'ouverture de la session aura lieu le premier jour ouvrable qui suit* ».

Dans cette logique, l'article 69 de la Constitution, relativement aux sessions extraordinaires, dispose « *Hormis les cas dans lesquels l'Assemblée nationale se réunit de plein droit, les sessions extraordinaires sont ouvertes ou closes par décret* ».

La session extraordinaire est réunie sur un ordre du jour à l'initiative du Président de la République ou des membres de l'Assemblée nationale et sa clôture intervient lorsque l'Assemblée nationale a épuisé l'ordre du jour et, au plus tard, douze jours après l'ouverture.

II. Dissolution de l'Assemblée nationale

La dissolution est l'acte par lequel le Président de la République peut mettre fin prématurément à une législature. Le mandat – théoriquement de 5 ans – des députés est interrompu et des élections législatives sont organisées.

La Constitution ne se prononce pas sur la nature de l'acte par lequel se réalise la dissolution. Mais puisqu'il ressort de l'article 46 de la constitution que « *le président de la République dispose du pouvoir réglementaire qu'il exerce par décret* » et que l'acte de dissolution ne figure dans l'article72 de la Constitution, on peut bien conjecturer que le président y procédera par décret.

Le Président n'a pas la libre appréciation du moment de recourir à la dissolution.

La dissolution ne peut intervenir que si certaines conditions politiques sont réunies, précisément comme la survenance d'une crise persistante entre l'Exécutif et le Législatif et seulement à la troisième année de la législature.

Le Président de la République n'a pas à demander une autorisation à un autre pouvoir public. Une fois ces conditions réunies, la dissolution devient un acte discrétionnaire.

Cette caractéristique en fait une arme redoutable qui tend à responsabiliser les députés, à rationaliser le jeu politique.

Les députés savent que la mise en cause du pouvoir exécutif, en ne votant pas certains de ses projets de loi ou en ne respectant pas une discipline majoritaire risque de retrouver leurs électeurs.

Toutefois, certaines limites à l'utilisation de la dissolution ont été fixées par la Constitution, à savoir :

- le Président doit solliciter l'avis consultatif du président de l'Assemblée ;

- la dissolution de l'Assemblée nationale est impossible dans 4 cas :

a. lors de l'intérim de la présidence de la République (art 43) ;

b. lors du recours aux pouvoirs extraordinaires (art 90 & 91) ;

c. avant la troisième année de législature (art. 92, al.2) ;

d. ne pas intervenir au cours d'un même mandat présidentiel, plus d'une fois.

En cas de désaccord persistant entre le Président de la République et l'Assemblée nationale sur des questions fondamentales, pour prévenir et remédier donc à d'éventuelles paralysies de l'État, qui pourraient résulter de questions fondamentales, l'Article 92 de la Constitution a accordé au Président de la République le droit de prononcer la dissolution de l'Assemblée nationale.

La dissolution est une arme dissuasive destinée à empêcher que ne se développe l'instabilité gouvernementale. C'est donc un moyen préventif ; ce qui est vérifié par le fait que la dissolution en Guinée n'est pas, comme dans les régimes parlementaires, utilisée en réponse à une motion de censure réussie ou à la mise en minorité du Gouvernement lors du vote d'une question de confiance.

Elle est utilisée ailleurs, préventivement, par exemple au lendemain d'une élection présidentielle pour faciliter l'apparition d'une majorité parlementaire large favorable au nouveau Président et donc, *a fortiori*, au Gouvernement qu'il choisira.

Ce cas de figure n'est pas prévu par la constitution.

L'exercice de ce droit peut se révéler une véritable épée de Damoclès au-dessus de la tête du Président de la République qui, en cas de survenance de la dissolution, doit faire organiser de nouvelles élections. Si, à l'issue de celle-ci, l'électorat renvoie la même majorité de députés à l'Assemblée nationale, le Président devra se résoudre à démissionner.

III. NÉGOCIE ET RATIFIE LES TRAITES.

Dans le but de s'engager mutuellement, les uns envers les autres, dans les domaines qu'ils définissent, deux ou plusieurs États établissent par négociation des règles de droit dans des accords, conventions ou traités internationaux, sur des questions relatives à leur coopération en matière de défense, de commerce, de justice, etc.

La Constitution de chaque pays concerné définit quelles sont les autorités compétentes pour conduire la négociation et pour ratifier ces accords, conventions ou traités internationaux. Elle détermine également la portée des normes internationales vis-à-vis du droit interne et les modalités de leur intégration au sein de la hiérarchie des normes.

L'activité diplomatique constitue l'une des missions régaliennes de l'État, précisément l'Exécutif est compétent pour négocier et ratifier les traités et le pouvoir législatif intervient pour autoriser leur ratification.

Dans le système constitutionnel guinéen, le Président de la République joue un rôle très important dans la conduite de la politique étrangère. L'article 149 de la Constitution dispose en effet qu'il négocie et ratifie les traités.

Le Gouvernement est l'organe agissant au nom du Président de la République pour les questions diplomatiques, puisque l'administration chargée des affaires étrangères est placée sous l'autorité du Chef de l'État, qui dispose, en la matière, d'une véritable prééminence, d'autant que l'usage a imposé, en marge du texte constitutionnel, l'existence d'un domaine réservé, qui en fait la principale autorité pour les questions diplomatiques et militaires.

L'intervention du parlement est, pour sa part, prévue par les articles 150 et 151 de la Constitution, qui requièrent une autorisation législative avant la ratification ou la conclusion de la plupart des traités et accords internationaux.

Si le Parlement refuse cette autorisation, l'exécutif ne peut ratifier le traité et il est contraint de reprendre la négociation. En revanche, l'autorisation donnée par l'Assemblée ne lie pas l'Exécutif, quant à la ratification ou à la conclusion définitive de la convention internationale.

L'article 149 de la Constitution, en son alinéa 2, soumet sept engagements internationaux à l'autorisation parlementaire, à savoir :

1. les traités de paix,
2. les traités de commerce,
3. les traités ou accords relatifs à l'organisation internationale,
4. ceux qui engagent les finances de l'État,
5. ceux qui modifient les dispositions de nature législative,
6. ceux qui sont relatifs à l'état des personnes,
7. ceux qui comportent cession, échange ou adjonction de territoire.

En dehors de ces sept (7) engagements, le Pouvoir exécutif n'est pas tenu d'obtenir l'autorisation parlementaire pour ratifier les instruments juridiques à intégrer dans le système de droit interne. Dans ce cas, il est procédé par décret du Président de la République.

« *Si la Cour Constitutionnelle saisie par le Président de la République ou un Député a déclaré qu'un engagement international comporte une clause contraire à la Constitution, l'autorisation de le ratifier ou de l'approuver ne peut intervenir qu'après la révision de la Constitution. Une loi autorisant la ratification ou l'approbation d'un engagement international ne peut être promulguée et entrer en vigueur lorsqu'elle a été déclarée non conforme à la Constitution.*[28] »

En droit international, le terme ratification désigne la procédure par laquelle un instrument juridique international, signé par le chef d'État, le Premier ministre ou le ministre des Affaires étrangères (seules personnes habilitées à signer), est soumis au Parlement pour approbation. En règle générale, le traité ne peut entrer en vigueur qu'après sa ratification.

La ratification est l'acte international par lequel un État indique son consentement à être lié par un traité, si elle est la manière dont les parties au traité ont décidé d'exprimer leur consentement. Dans le cas de traités bilatéraux, la ratification s'effectue d'ordinaire par l'échange des instruments requis ; dans le cas de traités multilatéraux, la procédure usuelle consiste à charger le dépositaire de recueillir les ratifications de tous les États et d'en informer toutes les parties. L'institution de la ratification donne aux États le délai, dont ils ont besoin pour obtenir l'approbation du traité, nécessaire sur le plan interne, et pour adopter la législation permettant au traité de produire ses effets en droit interne.[29]

La ratification est l'acte gouvernemental qui, en la forme d'une déclaration authentique et solennelle, permet de confirmer ce qui a préalablement été accepté ou promis.

En matière juridique, une « ratification » est donc la manifestation de volonté par laquelle une personne déclare s'obliger à exécuter les engagements pris en son nom par une autre personne ayant agi sans mandat ou avec des pouvoirs insuffisants.

Plus concrètement, un instrument de ratification est une lettre diplomatique, par laquelle le chef d'un État ou l'autorité compétente, après la loi ou le décret de ratification,

---

[28] Article 149, al.2 et 150, Constitution

[29] Art. 2, par. 1, al. b), art. 14, par. 1 et art. 16, Convention de Vienne de 1969 sur le droit des traités

confirme la signature que son plénipotentiaire a apposée au bas d'un document valant accord avec l'autre ou les autres parties.

Le dépôt de l'instrument de ratification valide de façon définitive l'engagement international. Ce dépôt est officialisé physiquement à un endroit convenu par les parties.

En général, un instrument de ratification commence par la formule « *À tous ceux qui ces présentes lettres verront, salut : ayant vu et examiné ledit Traité avons approuvé, et approuvons-en toute et chacune de ses parties, en vertu des dispositions qui y sont contenues et conformément aux articles 149 à 151 de la Constitution.* »

Le rang des normes internationales au sein de la hiérarchie est donc clairement défini par la Constitution de 2010 : elles sont subordonnées à la Constitution, puisqu'elles ne peuvent produire d'effet juridique si elles lui sont contraires, mais elles ont une valeur supérieure à la loi, dès lors qu'elles ont été ratifiées ou approuvées par l'exécutif et qu'elles sont appliquées par les autres États signataires (clause de réciprocité).

SECTION V : Des pouvoirs partagés.

Le Président de la République dispose du pouvoir réglementaire et signe les décrets et les ordonnances délibérés en Conseil des ministres, il nomme et révoque aux plus hautes fonctions civiles et militaires déterminées par la loi.

L'article 47de la Constitution fait du Président de la République le garant de l'indépendance nationale, de l'intégrité du territoire et de la cohésion nationale. Il lui incombe la responsabilité de la défense nationale et la prérogative de présider le Conseil Supérieur de Défense nationale, en sa qualité de Chef suprême des Armées.

La Constitution, dans le souci de conférer une nouvelle dynamique aux relations des forces de défense et de sécurité avec les populations civiles, reconnaît également au Président de République le pouvoir de faire *« concourir celles-ci au développement économique de la Nation et à tout autre tâche d'intérêt public dans les conditions définies par la loi »*.

Les articles 51, 84 et 85 attribuent au Président de la République l'initiative de la loi et la faculté de soumettre à référendum tout projet de loi portant sur l'organisation des pouvoirs publics, sur la promotion et la protection des libertés et des droits fondamentaux, ou l'action économique et sociale de l'État, ou tendant à autoriser la ratification d'un traité.

L'initiative de la loi et du référendum est complétée par le droit d'amendement (art.87), et la possibilité de *« demander l'inscription, par priorité à l'ordre du jour, d'un projet ou d'une proposition de loi ou d'une déclaration de politique générale. Cette inscription est de droit »*.

SECTION VI : Le référendum

Un **référendum** est la procédure de vote direct de l'ensemble des électeurs d'un État ou d'une collectivité locale pour adopter sur une proposition de nature législative ou constitutionnelle à l'initiative du pouvoir exécutif du parlement ou des citoyens, selon les modalités définies par la loi.[30]

L'article 152 de la Constitution, suivant la règle de mutabilité, confère *« l'initiative de la révision de la Constitution appartient concurremment au Président de la République et aux Députés »*.

[30] Article2, 51, Constitution

Cette disposition décrit la procédure référendaire comme suit : « *pour être pris en considération, le projet ou la proposition de révision est adopté par l'Assemblée nationale à la majorité simple de ses membres. Il ne devient définitif qu'après avoir été approuvé par référendum. Toutefois, le projet de révision n'est pas présenté au référendum lorsque le Président de la République décide de le soumettre à la seule Assemblée nationale. Dans ce cas, le projet de révision est approuvé à la majorité des deux tiers des membres composant l'Assemblée nationale. Il en est de même de la proposition de révision qui aura recueilli l'approbation du Président de la République* ».

L'alinéa 1er de l'article 51de la Constitution est une formulation de son intangibilité, qui limite la compétence du Président de la République et de l'Assemblée nationale en matière référendaire en ces termes : « *Le Président de la République peut, après avoir consulté le Président de l'Assemblée nationale, soumettre à référendum tout projet de loi portant sur l'organisation des pouvoirs publics, sur la promotion et la protection des libertés et des droits fondamentaux, ou l'action économique et sociale de l'État, ou tendant à autoriser la ratification d'un traité* ».

Le champ d'application de l'article 51 est vaste et susceptible d'interprétations extensives. Il couvre l'organisation des pouvoirs publics, la ratification d'un traité ayant des incidences sur le fonctionnement des institutions (*cf.* traité sur la CEDEAO, relatif à l'OHADA, traité établissant l'Union africaine) et les réformes relatives à la politique économique, sociale ou environnementale.

Après la proclamation des résultats du référendum par la Cour constitutionnelle, le président de la République promulgue la loi référendaire.

De ce qui précède, il appert que la Constitution ne prévoit que quatre cas de référendum entrant dans le périmètre de compétence matérielle :

1. l'organisation des pouvoirs publics,

2. la promotion et la protection des libertés et des droits fondamentaux,

3. l'action économique et sociale de l'État,

4. autorisation de ratification d'un traité.

Il découle de l'alinéa 2 de même article 51 que le référendum constituant est une procédure qui nécessite le vote préalable du texte par l'Assemblée nationale qui statue à la majorité des deux tiers des membres qui la composent.

Le quorum fixé par la constitution guinéenne comporte non l'exigence des suffrages exprimés, mais l'exigence présentielle des députés dans le nombre qui permet de siéger valablement.

Sont exclus du domaine du référendum constituant et ne peuvent faire l'objet de révision constitutionnelle, les matières suivantes[31] :

1. la forme républicaine de l'État,

2. le principe de l'unicité de l'État,

3. le principe de la séparation et de l'équilibre des pouvoirs,

4. le pluralisme politique et syndical,

5. le nombre et la durée des mandats du président de la République.

Le régime constitutionnel pose ainsi le principe d'incompétence *rationae matrae* du président de la République et de l'Assemblée nationale sur ces cinq matières soumises au régime d'intangibilité.

Cette exclusion, prononcée par l'article 154 de la Constitution, et la limitation des compétences du président de la République et de l'Assemblée aux seules matières énumérées par l'article 51susvisé, forme le verrou qui ne

---

[31] Article 154, Constitution

permet pas d'ouvrir la boîte à Pandore que constituent le nombre et la durée mandats présidentiels.

Si l'article 51 de la Constitution permet au président de la République de soumettre à l'approbation du peuple un projet de loi pendant la durée des sessions du Parlement, il l'oblige, avant de convoquer les électeurs par décret, de recueillir l'avis de la Cour Constitutionnelle sur la conformité du projet ou de la proposition à la Constitution.

Le référendum est, qu'il soit national ou local, un instrument de « *démocratie directe* » ; il est la technique juridique permettant au peuple de se prononcer, d'intervenir directement dans la conduite de certains domaines de la politique nationale ou locale.

L'objet de cette opération peut être de donner un avis, auquel cas le référendum sera dit consultatif, il peut aussi être plus important : adopter un texte auquel cas il s'agira d'un référendum normatif, il est alors soit législatif, soit constituant.

La Cour constitutionnelle est consultée sur l'organisation du référendum pour examiner la constitutionnalité de la loi référendaire. En cas de non-conformité, il ne peut être procédé au référendum. Lorsque le référendum a conclu à l'adoption du projet ou de la proposition, la loi ainsi adoptée est promulguée dans les conditions prévues à l'article 78.

CHAPITRE III :

POUVOIRS RÉGALIENS

1. Le droit de légation

Le droit de légation est certainement le plus important des droits exceptionnels du Chef de l'État en raison de leur champ de manifestation. Le **droit de légation** active est celui d'envoyer des représentants auprès d'États tiers ou d'organisations internationales. Le **droit de légation** passive est celui de recevoir les représentants diplomatiques des puissances étrangères.

L'Article 48 accorde au Président de la République seul, et lui seul, le pouvoir d'accréditer les Ambassadeurs et les Envoyés extraordinaires auprès des Puissances étrangères.

Réciproquement, c'est auprès de lui que les Ambassadeurs et les Envoyés extraordinaires des Puissances étrangères sont accrédités. Il s'ensuit qu'il est le seul qui délivre et reçoit les lettres de créance.

2. Maîtrise de l'ordre du Jour parlementaire

Il est reconnu au Président de la République la faculté **de** *« demander l'inscription, par priorité à l'ordre du jour, d'un projet ou d'une proposition de loi ou d'une déclaration de politique générale. Cette inscription est de droit. »* (art.87)

3. État de Siège, État d'urgence, Déclaration de Guerre

Les articles 90 et 91 de la Constitution autorisent le Président de la République, en en cas de crise grave, d'exercer une dictature temporaire. En effet, il peut :

- décréter l'état de siège, comme l'état d'urgence,
- déclarer l'état de guerre,
- prendre, par Ordonnance, toute mesure nécessaire à la défense de l'intégrité du territoire et au rétablissement ou au maintien de l'ordre public.

Ce droit est assorti des conditions ci-après :

i. Conditions de forme

1. Le Président de la République doit d'abord consulter officiellement, le président de l'Assemblée et la Cour constitutionnelle. Les avis préalables du Président de l'Assemblée nationale et du Président de la Cour Constitutionnelle. Ces avis sont publiés au Journal officiel ;

2. Ensuite, le président doit, conformément à l'article 50 de la Constitution informer le pays de la mise en œuvre des articles 90 et 91. Par ailleurs, la Cour constitutionnelle doit être consultée au sujet de chacune des mesures prises par le Président dans ce cadre.

3. L'Assemblée nationale se réunit de plein droit, si elle n'est pas en session ;

4. L'Assemblée nationale ne peut être dissoute en cette période de mise en œuvre des pouvoirs exceptionnels ;

5. Le décret proclamant l'état de siège ou l'état d'urgence cesse d'être en vigueur après douze (12) jours, à moins que l'Assemblée nationale, saisie par le Président de la République, n'en autorise la prorogation pour un délai qu'elle fixe ;

6. Les Ordonnances prises en application de l'état de siège et de l'état d'urgence cessent d'être en vigueur à la fin de ceux-ci ;

7. La déclaration de guerre doit être autorisée par l'Assemblée nationale à la majorité des deux tiers de ses membres.

ii. Conditions de fond

La Constitution ne détermine pas expressément les circonstances qui peuvent provoquer ou justifier l'exercice de droit exceptionnel du Président de la République.

Toutefois, on peut tirer ces circonstances de l'alinéa 2 de l'article 90 qui dispose : *« Le Président de la République peut prendre, par Ordonnance, toute mesure nécessaire à la défense de l'intégrité du territoire et au rétablissement ou au maintien de l'ordre public »*.

La Constitution laisse l'appréciation de ces conditions de fond à la discrétion du Président de la République, parce que les citoyens placent, à travers l'élection, leur confiance dans sa conscience.

Toutefois, il convient de préciser que les situations dans lesquelles le Président de la République peut exercer ce droit sont celles où les Institutions de la République, l'indépendance de la Nation, l'intégrité du territoire national, l'ordre public et la vie des populations, l'exécution des engagements internationaux sont menacés d'une manière grave et immédiate et celles dans lesquelles le fonctionnement régulier des pouvoirs publics constitutionnels est interrompu.

Le Président de la République est alors constitutionnellement autorisé à prendre les mesures exceptionnelles exigées par ces circonstances dans le respect des conditions de forme décrites ci-dessus qui sont définies par la constitution. Le Président de la République se saisit des pleins pouvoirs et peut alors prendre toutes les mesures exigées par les circonstances.

Bien entendu, il en informe la nation par un message. L'exercice de ces pouvoirs exceptionnels par le Président de la République ne doit en aucun cas compromettre la souveraineté nationale, ni l'intégrité territoriale. Les pouvoirs exceptionnels doivent viser à assurer la continuité de l'État et le rétablissement dans les brefs délais du fonctionnement régulier des institutions conformément à la Constitution.

Alors se pose le problème de contrôle du Président de la République durant la période exceptionnelle. En effet, si l'Assemblée nationale continue à se siéger, elle est temporairement dépourvue de tout pouvoir de contrôle, car le Président est irresponsable devant elle.

C'est aussi en vertu du principe de la légitime défense de l'État, que la Constitution confère le droit au Président de la République de prendre les mesures qu'il juge nécessaires pour circonscrire une crise. Toutefois, deux conditions doivent être réunies :

i. il faut qu'une menace grave et immédiate affecte les institutions de la République, l'indépendance de la Nation, l'intégrité du territoire ou l'exécution des engagements internationaux de la Guinée. La réalité de ce genre de situation, étant évidemment difficile à apprécier de façon objective, les critères ne peuvent être qu'imprécis, voire secrets et interprétés de façon personnelle par le Président.

ii. Il faut que le fonctionnement régulier des pouvoirs publics ait été interrompu. La réalité de ce type de situation peut, quant à elle, être appréciée de façon plus objective. Le cas peut être la circonstance où le Conseil des ministres ou l'Assemblée nationale ne peut tenir ses sessions.

Le Président doit, d'une part, officiellement demander l'avis des Présidents de l'Assemblée parlementaire et de la

Cour constitutionnelle, qui doit être motivé et publié au JO. Cette publication met le Chef de l'État dans la situation où il ne peut aller à l'encontre de cet avis même si juridiquement il en a le droit.

D'autre part, le Président doit adresser un message à la Nation (art.50).

Le Président, selon les articles 90 et 91, doit prendre les mesures exigées par les circonstances, c'est-à-dire qu'il va pouvoir se substituer à toutes les Institutions et pouvoir faire la loi, par voie d'ordonnances.

Des limitations existent à ces pouvoirs exorbitants du Président qui doit employer des moyens qui lui dévolus aux seuls buts définis par les articles 90 et 91pour assurer aux pouvoirs publics constitutionnels les moyens d'accomplir leur mission. Ainsi, il lui est interdit d'entreprendre une révision constitutionnelle et il doit utiliser ses pouvoirs de crise durant la période la plus restreinte possible douze (12) jours.

À cette fin, il dispose de la plénitude de l'autorité de l'État et de la prérogative de se substituer provisoirement aux autres pouvoirs publics, en vue d'assurer le retour rapide à la vie normale de l'État.

L'exercice de cette prérogative, qui échappe, en apparence à tout contrôle juridictionnel, est cependant subordonné à l'obligation impérieuse pour le Président de la République de consulter l'Assemblée nationale et la Cour Constitutionnelle et à celle pour l'Assemblée nationale de demeurer en session, tant que dure la situation exceptionnelle.

Or, la durée de 12 jours qui ne peut être prorogée que par l'Assemblée nationale indique le souci du constituant guinéen, le CNT, d'éviter un exercice abusivement de ces pouvoirs exceptionnels.

Le maintien en session de l'Assemblée, la limitation de la durée de mise en œuvre des pouvoirs en période de crise et la cession des effets des ordonnances prises par le président de la République révèlent l'existence implicite d'un contrôle parlementaire dans le pouvoir de prorogation de la situation exceptionnelle par les députés.

Le Général Lansana CONTE essuyé en son temps le refus de l'Assemblée nationale pourtant largement dominé par le PUP, son parti.

Les pouvoirs extraordinaires conférés au président de la République par les articles 90 & 91 ont pour but d'assurer la défense de l'État guinéen et de son régime démocratique en cas de situation d'extrême danger (agression, guerre, subversion intérieure...).

Cette défense est confiée au Président de la République qui, selon les articles45 et 47, doit garantir le respect de la Constitution, la continuité de l'État, l'indépendance nationale ou encore l'intégrité du territoire national.

Sur ce fondement, le président de la République, pouvant prendre toutes les mesures qui s'imposent, est détenteur d'une sorte de dictature civile temporaire, faite de confusion des pouvoirs au profit du Président.

La conduite de la politique de la Nation

L'article45 de la Constitution confie au président de la République la conduite de la politique de la Nation en ces termes : « Il détermine et contrôle la conduite de la politique de la Nation. Il incarne l'unité nationale ».

Dans les faits, les principales décisions sont prises en Conseil des ministres, cette compétence gouvernementale est partagée par le Président de la République et le Premier ministre sensé appartenir à sa famille politique.

L'exercice par délégation du pouvoir législatif

La Constitution par son article 82permet au Parlement de déléguer son pouvoir législatif au président de la République comme suit : « *L'Assemblée nationale peut habiliter par une loi, le Président de la République à prendre des mesures qui relèvent normalement du domaine de la loi, pour un délai donné et des objectifs qu'elle précise. Dans les limites de temps et de compétences fixées par la loi d'habilitation, le Président de la République prend les Ordonnances qui entrent en vigueur dès leur publication, mais deviennent caduques si un projet de loi de ratification n'est pas déposé devant l'Assemblée nationale avant la date fixée par la loi d'habilitation.*

Après cette dernière date, elles ne peuvent être modifiées que par la loi. Elles conservent toutefois valeur réglementaire jusqu'à leur ratification. Elles peuvent être amendées lors du vote de la loi de ratification. »

On dénombre plusieurs types d'ordonnances :

a) l**es ordonnances prises en application de l'article82 susvisée** permettant au Gouvernement d'exécuter son programme politique, économique et social. Le recours aux ordonnances est impossible pour des dispositions relevant de la Constitution ou de lois organiques. Pour obtenir cette permission, il est nécessaire que le Président de la République dépose auprès de l'Assemblée nationale un projet de loi d'habilitation précisant les mesures envisagées et la durée de la délégation de pouvoir. Une fois la loi votée, les ordonnances sont soumises à une double contrainte procédurale :

- elles doivent être examinées pour avis par la Cour suprême ;
- elles doivent être adoptées en Conseil des ministres, ce qui nécessite la signature du Président de la République.

Avant le terme du délai d'habilitation, un projet de loi de ratification doit être déposé devant le Parlement. La ratification ne peut être qu'expresse.

b) les ordonnances prises en application des articles 75 et 76 de la Constitution qui visent le cas de non-respect par le Parlement des délais qui lui sont impartis pour adopter le projet de loi de finances. Cette procédure n'a jamais été mise en œuvre.

CHAPITRE IV :

RESPONSABILITÉ DU PRÉSIDENT DE LA RÉPUBLIQUE

«*The King never does wrong : Le Roi ne peut mal faire* ». Cette maxime, d'essence monarchique, traduit de façon évidente l'irresponsabilité du roi au détriment de ses ministres. Elle fonde la règle de l'irresponsabilité royale, qui a été transposée en France en 1791 : « *La personne du roi est inviolable et sacrée* ».

La Constitution, en décidant à son article 118 que le Président de la République n'est responsable des actes conduit au régime de responsabilité pénale du président de la République en distinguant celle-ci de la responsabilité politique.

Pour la responsabilité pénale et s'agissant des actes accomplis en qualité de chef de l'État, l'irresponsabilité perpétuelle est confirmée par l'article 118.

Concernant les autres actes, une immunité de juridiction est affirmée, se limitant seulement aux actes d'exercice du mandat présidentiel, à la fin duquel les tribunaux ordinaires redeviennent compétents.

Il faudra attendre, en France, la 3ème République et la loi du 25 février 1875, pour voir proclamée l'irresponsabilité présidentielle. Cette irresponsabilité quasi absolue souffre d'une exception : la haute trahison, dont la Constitution guinéenne donne la définition suivante : « *Il y a haute trahison lorsque le Président de la République a violé son serment, les Arrêts de la Cour Constitutionnelle, est reconnu auteur, coauteur ou complice de violations graves et caractérisées des droits humains, de cession d'une partie du territoire national, ou d'actes attentatoires au maintien d'un environnement sain, durable et favorable au développement* »

De l'avis de Raymond Carré de Malberg, l'irresponsabilité présidentielle était « *bien moins un privilège établi en faveur du président et destiné à assurer sa stabilité ou son indépendance, qu'une garantie prise contre lui à l'effet d'exclure de sa part toute prétention ou tentation d'entretenir une action gouvernementale personnelle et indépendante* ».

L'objectif de l'irresponsabilité présidentielle est de consolider la **séparation des pouvoirs**, de prévenir l'irruption du pouvoir judiciaire dans le champ d'action du chef de l'État et de préserver le **principe de continuité** de l'État, qui implique que celui qui l'incarne soit toujours en mesure de l'accomplir.

Le **mandat de représentation** nationale incombant au chef de l'État s'inscrit dans la logique de cette protection juridictionnelle, qui se justifie par la nécessité de **distinguer clairement les responsabilités personnelle et politique** du chef de l'État.

L'irresponsabilité pour les actes « accomplis en qualité de chef de l'État » le met à l'abri de toute mise en cause de sa responsabilité civile ou pénale pour des faits liés à sa fonction.

L'inviolabilité du chef de l'État exclut qu'il puisse en principe faire l'objet de mesures de contrainte liées à la mise en œuvre de procédures juridictionnelles, qu'elles soient pénales ou civiles. La conséquence est que le chef de l'État ne peut, durant son mandat et devant aucune juridiction ou autorité administrative guinéenne, être requis de témoigner non plus que de faire d'objet d'une action, d'un acte d'information, d'instruction ou de poursuite.

Une interprétation des articles 118 et 119 permet d'énoncer que la Constitution, en posant l'irresponsabilité du Président de la République, sous-entend que la responsabilité du Chef de l'État n'est possible que si les actes commis dans l'exercice de ses fonctions relèvent de la haute trahison.

Mais, même dans ce cas, on perçoit l'existence d'un privilège de juridiction, d'après lequel il devra être jugé par la Haute Cour de Justice devant laquelle il ne sera attrait que par un vote à la majorité qualifiée des membres de l'Assemblée nationale.

Cependant, la constitution guinéenne, conçue dans la logique de l'inéluctabilité du châtiment, a établi que le privilège de Juridiction et les immenses pouvoirs attribués au Président de la République ne le mettent pas totalement à l'abri des responsabilités, lorsque celles-ci sont établies. Il a prévu qu'une minorité de députés peut demander la mise en accusation du Président de la République.

Le Président ne peut donc être poursuivi devant les juridictions de droit commun, même si le délit relève de leurs compétences.

Il convient alors de distinguer deux types de responsabilités :

a. sa **responsabilité politique** qui pourrait certainement être sanctionnée, peut-être par sa non-réélection pour un second mandat ;

b. sa **responsabilité pénale,** quant à elle, peut être engagée, dans le seul cas de haute trahison. Il est alors jugé par la Haute Cour de Justice.

L'article 119 de la constitution tente pour la première de l'histoire constitutionnelle de la République de Guinée de donner les contours de la définition de haute trahison en ces termes : « *Il y a haute trahison lorsque le Président de la République a violé son serment, les Arrêts de la Cour Constitutionnelle, est reconnu auteur, coauteur ou complice de violations graves et caractérisées des droits humains, de cession d'une partie du territoire national, ou d'actes attentatoires au maintien d'un environnement sain, durable et favorable au développement* ».

La lecture de l'article 119 révèle que toute infraction qui ne peut entrer dans l'énumération des actes constitutifs de la haute trahison, ne saurait donner lieu à une quelconque poursuite. La question est de savoir dans quelle mesure le détournement de deniers publics et la corruption seraient implicitement inclus parmi les actes de haute trahison.

Le préambule de la Constitution déclare que les crimes économiques et la corruption sont imprescriptibles.

Le serment du Président de la République l'engage à respecter et défendre la constitution et les lois, c'est-à-dire qu'il s'abstiendra de faire tout ce qu'elles interdisent et il exécutera tout ce qu'elle ordonne. Faillir aux termes de ce serment le soumet à la rigueur de la loi.

Un bémol existe. Le droit pénal ne pouvant être d'interprétation extensive, l'œuvre jurisprudentielle de la Haute Cour de Justice va être cruciale, quand on sait qu'elle devra distinguer le règlement de compte politique de l'infraction pénale qui appelle l'observation du principe « *nullum crimen* », « *sine lege* », en d'autres termes, entre le droit et la politique

La définition de la haute trahison ôte toute incertitude, quant à la responsabilité pénale du Chef de l'État.

Elle pose la règle que, si haute trahison il y a, une procédure dérogatoire au droit commun, c'est-à-dire au droit judiciaire pénal, sera mise en place.

Le Chef de l'État est, de toute évidence, justiciable de la Haute Cour de Justice, signifiant qu'il bénéficie d'un privilège de juridiction.

Pourquoi le privilège de juridiction ? Deux considérations ont déterminé le choix du constituant guinéen. La première considération est une allusion au respect de la dignité de la fonction présidentielle qui protège le titulaire de celle-ci contre une mise en examen devant les tribunaux répressifs. La seconde permet d'octroyer le privilège de juridiction, uniquement pour les actes accomplis dans l'exercice des fonctions présidentielles.

Relativement aux actes détachables de sa fonction, qui lui sont donc antérieurs ou extérieurs, le chef de l'État bénéficie soit d'un privilège de juridiction, soit d'une immunité temporaire.

Enfin, l'article 37 protège le Président de la République contre les offenses, les injures et les calomnies dans les conditions que la loi détermine.

Les modalités de mise en œuvre de la responsabilité personnelle du chef de l'État

Le privilège de juridiction signifie que le chef de l'État peut être poursuivi devant la Haute Cour de justice, pour des motifs se rattachant à la haute trahison ou à la violation délibérée de la Constitution.

En vertu des articles 118 et 119 de la Constitution, le chef de l'État aurait peut être jugé par la Haute Cour de justice après mise en accusation par l'Assemblée statuant à la majorité qualifiée de ses membres.

Le chef de l'État peut aussi être poursuivi devant la Cour pénale internationale, comme c'est le cas dans la totalité des États ayant ratifié le traité du 18 juillet 1998 ayant institué cette cour, s'il a commis des actes prévus et réprimés par ce traité, crimes contre l'humanité ou crimes de guerre.

1. LA RESPONSABILITÉ POLITIQUE DU CHEF DE L'ÉTAT

Cette responsabilité résulte du rôle et de la légitimité politiques du chef de l'État engendré par l'élection au suffrage universel direct, la personnalisation des mandats politiques, la tendance à la concentration du pouvoir et, spécifiquement en Guinée, la réduction à cinq ans du mandat présidentiel et la modification du calendrier électoral, de telle sorte que la dévolution du mandat présidentiel précède et inspire celle des mandats parlementaires : le chef de l'État élu demande au suffrage universel de lui donner une majorité pour mettre en œuvre la politique sur laquelle il a été lui-même élu. Si cette demande est satisfaite, le chef de l'État en tire un surcroît de légitimité et d'autorité.

Par conséquent, la responsabilité politique du chef de l'État qui, dans les textes constitutionnels, doit se concevoir plutôt comme un déni qu'une absence, constitue à maints égards une nécessité et une exigence, qui s'applique en dehors des mécanismes constitutionnels reconnaissant et sanctionnant de manière très circonscrite une certaine forme de responsabilité, plus personnelle que politique, du chef de l'État.

L'on passe ainsi du droit constitutionnel au fonctionnement concret des institutions politiques, voire à la science politique.

Ces procédures politiques reposent sur trois mécanismes :

- l'élection d'une majorité parlementaire qui soutient ou, au contraire, combat l'action du Président de la République ;
- la réponse positive ou non aux référendums organisés à l'initiative du chef de l'État ;
- la reconduction, ou non, du mandat du chef de l'État.

La logique de l'intangibilité du mandat présidentiel et de l'irresponsabilité politique du chef de l'État prévaut sur les conséquences tirées de votes populaires contraires aux vœux ou aux recommandations du chef de l'État. L'absence de conséquence directe tirée de votes, exprimant une forme de défiance à l'égard des chefs de l'État traduit une tendance à la « *présidentialisation* » au sens d'une évolution vers le « *régime présidentiel* » des institutions démocratiques : le chef de l'État qui a une légitimité et des pouvoirs propres les exerce jusqu'au terme de son mandat dans un dialogue plus ou moins coopératif ou, au contraire, combatif avec les autres institutions.

La responsabilité politique du chef de l'État peut être mise en cause d'une manière ou d'une autre, sans que cela ne se traduise nécessairement par son éviction du pouvoir.

La forme de responsabilité politique pouvant produire cet effet survient lors de l'élection présidentielle, lorsqu'à l'expiration de son mandat le président sortant est candidat à sa propre succession, entendu qu'à défaut d'y avoir éviction du pouvoir, il peut y avoir un évident affaiblissement du chef de l'État, lorsque le suffrage envoie à l'Assemblée une majorité de députés appartenant à une tendance l'opposition.

La « *cohabitation* » a, en effet, pour conséquence de replacer le Président de la République dans l'axe de ses attributions propres.

2. DE L'OBLIGATION REDDITIONNELLE DU PRÉSIDENT

L'article 50 de la Constitution crée, pour la première dans l'histoire constitutionnelle de la Guinée, l'obligation de rendre compte en disposant : *« Le Président de la République prononce une fois par an devant l'Assemblée nationale un message sur l'état de la Nation ».*

Le *« message sur l'état de la Nation »* institue, à la charge du Président de la République, ce qui est désigné sous le vocable d'obligation redditionnelle.

L'élection crée entre l'élu (le Président de la République) et l'électeur (les Populations, la communauté des citoyens) une relation redditionnelle qui oblige le premier envers le second à rendre compte à celui-ci de ses actions et décisions, en raison de l'exercice de son mandat ou de sa fonction statutaire ou déléguée.

L'obligation redditionnelle est inhérente à l'exercice d'une responsabilité et désigne l'opération qui découle de l'obligation de répondre de l'exercice d'une responsabilité.

Elle présuppose l'existence d'au moins deux parties : une partie (l'électeur) qui attribue des responsabilités et une autre (l'élu) qui s'engage, en les acceptants, à faire rapport de la façon dont elle les a assumées.

L'imposition du *« message sur l'état de Nation »* n'est pas une faculté, elle constitue une obligation, un devoir impératif du Président de la République traduisant le caractère de transparence de la gouvernance et la force de la démocratie.

Le Président de la République gère la « *res publica* », c'est-à-dire le « *bien commun* » qui lui est confié, il doit donc porter périodiquement à la connaissance du Peuple la manière dont il s'acquitte de cette charge. Cette obligation est le pendant du droit à l'information du citoyen.

CHAPITRE V :

DE LA VACANCE DU POUVOIR PRÉSIDENTIEL

La vacance de pouvoir s'entend de la situation durant laquelle une charge, une dignité, une fonction, ou un emploi se trouve momentanément dépourvu de titulaire, inoccupé ou vide, disponible. Elle est le temps pendant lequel une autorité légitime cesse d'être exercée.

La vacance peut être consécutive à un décès, à une démission, une destitution, à un changement de fonction, à une incapacité physique ou intellectuelle. Elle est prévue et réglementée, avec l'organisation de l'intérim, par les articles 41 à 43 de la Constitution.

Le principe de la vacance de pouvoir réside dans le constat rendant possible l'attribution du poste ou de la fonction à un autre titulaire puisque, en principe, il ne saurait y avoir deux, a fortiori plusieurs, titulaires pour un même poste ou une même fonction.

Pour la cessation des fonctions du Président de la République, l'hypothèse normale et souhaitée est l'expiration du délai de cinq ans que comporte le mandat présidentiel.

Mais, la constitution, en ses articles 40 et 41, a envisagé les cas qui peuvent se présenter, notamment la vacance de la présidence pour empêchement définitif avant la fin du mandat.

La Constitution n'a pas prévu le cas d'empêchement temporaire. Mais, l'on peut déduire de l'histoire récente du pays et des raisons qui ont conduit à la constitutionnalisation du Poste de Premier ministre, qu'en cas d'empêchement temporaire, celui-ci en sa qualité de chef du Gouvernement assume l'intérim.

Cette attitude du constituant guinéen se comprend aisément, puisque l'empêchement temporaire ne peut signifier ou entraîner vacance de pouvoir.

La constitutionnalisation de la fonction de Premier ministre permet d'affirmer que la constitution guinéenne a prévu implicitement un cas de délégation statutaire, ayant un caractère qui pourrait se percevoir délégation automatique de pouvoir, en cas d'empêchement temporaire.

Il faut comprendre par vacance de la présidence le décès, la démission ou la destitution du Président par la Haute Cour de Justice pour haute trahison avant la fin de son mandat, l'intérim serait assuré par le Président de l'Assemblée nationale, le temps d'organiser de nouvelles élections. Cette vacance présidentielle est toujours définitive.

Par contre, si le Président de la République est malade ou empêché, de façon temporaire, il ne peut s'agir d'intérim, mais plutôt de suppléance. Dans ce cas de figure, c'est le Premier ministre qui le remplace.

La vacance de pouvoir peut avoir pour cause la démission, la révocation ou la destitution, l'empêchement pour cause de santé, le décès.

Ce sont les hypothèses ou circonstances retenues par l'article 40 de la Constitution pour constituer une cause d'empêchement définitif devant conduire à la déclaration de vacance de la fonction de Président de la République par la Cour Constitutionnelle.

En effet, l'article 40 dispose : *« Est considéré comme empêchement définitif, l'incapacité physique ou mentale dûment constatée par un collège de médecins spécialistes rendant le Président de la République inapte à exercer les charges de sa fonction »*.

Cette déclaration est faite, selon l'article 41, sur la saisine de la Cour Constitutionnelle *« par le Président de l'Assemblée nationale, en cas d'empêchement de celui-ci par l'un des vice-présidents, à défaut par un groupe de députés représentant le quart (1/4) de l'Assemblée nationale »*.

CHAPITRE VI :

DU DROIT DES ANCIENS PRÉSIDENTS DE LA RÉPUBLIQUE

L'article 44 apporte une nouveauté dans l'histoire constitutionnelle de la République de Guinée, en ce qu'il confère une place importante aux anciens Présidents de la République.

La première prérogative que cette disposition constitutionnelle reconnaît aux anciens Présidents est leur rang dans le protocole de l'État. Deux aspects sont à souligner :

1. Un ancien Président, après le Président en exercice, a préséance sur le Président de l'Assemblée nationale.

2. En cas de pluralité d'anciens Présidents, ils prennent préséances les uns sur les autres « *dans l'ordre de l'ancienneté de leur mandat* ».

La deuxième est la prérogative de « *missions spéciales* » dont ils peuvent être investis. Naturellement, il s'agit de missions ayant statut extraordinaire et plénipotentiaire, répondant à la dignité de Président de la République.

La troisième offre une garantie de vie décente et les fait bénéficier « *d'avantages matériels et d'une protection* ». Les conditions de ces « *avantages matériels* » et cette « *protection* » seront définies dans une loi organique.

Une fois qu'ils auront quitté Sèkhoutouréya, les anciens Présidents de la République devraient pouvoir conserver de nombreux avantages, parmi lesquels :

1. l'occupation du deuxième rang protocolaire, c'est-à-dire avant le Président de l'Assemblée nationale et dans l'ordre de l'ancienneté, en cas de pluralité ;

2. une pension mensuelle très confortable leur permettant d'avoir une domesticité adéquate ;

3. une aide au logement à la mesure de la dignité de Chef de l'État ;

4. la protection rapprochée, dont le personnel est rémunéré par l'État ;

5. deux voyages à l'étranger par an dans la meilleure classe, avec encadrement légal ou réglementaire des conditions de prise en charge pour de tels déplacements ;

6. la disposition de deux voitures de fonction et trois chauffeurs ;

7. des locaux pour lui servir de bureau, dont l'équipement, la maintenance et les charges sont assumés par l'État ;

8. prise en charge de collaborateurs permanents, dont le nombre ne saurait excéder cinq (5). Ces derniers, fonctionnaires ou contractuels de l'État, peuvent, en outre, se voir attribuer, l'indemnité de sujétion particulière.

Il serait opportun que nos législateurs, conformément à l'article 44 de la Constitution, définissent clairement le statut des anciens chefs de l'État, ainsi que les avantages dont ils bénéficient.

Donner ce statut et les avantages, qui y sont liés, aux anciens présidents éviterait de les voir finir leurs jours dans l'impécuniosité et leur permettrait de pouvoir continuer à se faire entendre sur la scène politique.

Du destin des cadeaux.

Les cadeaux d'un montant excédant 5 000 000 GNF, offerts aux Présidents de la République et à sa compagne, pendant l'exercice de son mandat, devront être remis à l'État, à l'expiration du mandat. Les présents reçus devront être remis aux musées.

Lors de la divulgation de leur déclaration de patrimoine, les présidents non-réélus devront justifier clairement de leurs possibles sources d'enrichissement.

CHAPITRE VII :

DU PREMIER MINISTRE

Le président de la République dirige la nation, en se servant du Premier ministre, qui assure la coordination des politiques présidentielles au sein du gouvernement, et en utilisant les hauts fonctionnaires qui sont d'ailleurs nommés directement par le chef de l'État (art. 46).

À cela, on pourrait ajouter le soutien populaire que confère l'élection au suffrage universel et la possibilité de recourir au référendum, afin de confirmer sa légitimité.

En effet, la constitution organise une hiérarchisation dans les rapports entre les deux têtes de l'exécutif, hiérarchie favorable au chef de l'État, qui jouit d'une prééminence certaine, puisque les rapports entre le président et les différentes institutions reposent sur le pouvoir d'État que la Constitution a placé entre les mains exclusives du président, faisant automatiquement des autres acteurs politiques, dont le Premier ministre, des subalternes.

Le constat est que la Constitution, ayant introduit l'éventualité de conflits, a assis le pouvoir présidentiel sur le puissant ressort que constitue la majorité parlementaire, de sorte que dans le cas d'un désaccord entre l'Exécutif et le législatif, le président pourrait recourir au pouvoir de dissolution, afin de conserver sa légitimité.

L'exercice de ce pouvoir n'est pas sans risque pour lui, puisque la décision populaire ramenant la même majorité qui lui était opposée pourrait avoir pour conséquence sa démission.

L'élection du chef de l'État au suffrage universel n'est pas la seule explication à la primauté présidentielle, du moment que le suffrage universel ne suffit pas à expliquer la primauté présidentielle à l'intérieur de l'Exécutif dyarchique hiérarchisé, résultant du régime constitutionnel guinéen, mais additionné au pouvoir d'État et aux larges prérogatives constitutionnelles du président de la République, il engendre l'exception guinéenne et tisse la présidentialisation du régime.

Le Premier ministre n'est pas titulaire d'un mandat de durée fixe. Il est d'abord le chef du Gouvernement, organe collégial dont il propose la structure et la composition au Président de la République qui en nomme et révoque les membres, après avoir consulté le Premier ministre.

La Constitution crée en matière de révocation des membres du Gouvernement la condition d'un avis consultatif préalable du Premier ministre.

De toute évidence, l'avis du Premier ministre ne lie pas le Président de la République. Il permet simplement de maintenir le dialogue entre les deux têtes de l'Exécutif.

Le constituant guinéen, ce faisant, a-t-il voulu aménager l'évitement d'une surprise ou d'un embarras au Premier ministre qui pourrait se trouver privé d'un collaborateur précieux n'ayant pas l'heur de plaire au Chef de l'État ?

Par contre, au sujet de cet avis consultatif, la question est que la révocation du Premier ministre n'est soumise à aucune consultation préalable.

La liberté d'action du Président est ici entière et absolue.

Cette formalité de consultation provient de ce que, étant donné que le membre du Gouvernement est proposé par le Premier ministre, l'avis de celui-ci doit pouvoir compter lorsqu'il faut le révoquer.

Par contre, la nomination du Premier ministre n'est soumise à la proposition d'aucun autre organe. La Constitution a laissé une liberté inconditionnée au Président de la République de le nommer et de le révoquer.

En dehors de la volonté du Président de la République, le Premier ministre ne dispose d'aucune autre légitimité politique pour s'opposer au Président de la République qui, lui, est l'émanation du Peuple et l'incarnation de la Nation.

En institutionnalisant le poste de Premier ministre, la Constitution guinéenne a voulu séparer la fonction de Chef de gouvernement de celle de Chef de l'État, pour conforter le pouvoir de contrôle de l'Assemblée nationale sur l'action gouvernementale, en préservant l'irresponsabilité constitutionnelle du Président de la République.

La présence du Premier ministre dans la gestion de la *« res publica »* comme Chef du Gouvernement réduit les causes de désaccord entre le Chef de l'État et le Législatif.

Il était dans le vœu du constituant de 2010 que le Président joue un rôle d'arbitre entre le Législatif et le Gouvernement et décide, selon la conjoncture s'il doit démettre son Premier ministre ou s'il doit dissoudre l'Assemblée nationale.

Par ailleurs, le Premier ministre est responsable devant le Président de la République (art.53) qui le nomme et le révoque librement (art.52, al.1).

Le constituant guinéen, en créant le poste de Premier ministre, a voulu répondre à un souci d'efficacité dans la gestion des affaires de l'État.

Le Président de la République est élu au suffrage universel, sur un programme politique et un projet de société, dont la réalisation pourrait comporter des aspects ou des détails impopulaires susceptibles de faire obstacle à sa réélection.

En ce cas, le Président pourrait être tenté, à partir de la troisième année de son mandat de cinq ans de réorienter ses actions et sa politique vers les seuls objectifs d'une campagne victorieuse, abandonnant ainsi des volets utiles de son programme initial qui s'avèrent critiquables.

Le Premier ministre va donc servir de soupape de sûreté, dans l'intérêt de la continuité, pour permettre la réalisation du programme sur lequel le Président a été porté à la tête de l'État, en fournissant à celui-ci les coudées franches pour une campagne de réélection sans nuages sombres, quitte à sacrifier le Premier ministre ou certains ministres à l'autel des intérêts de renouvellement du mandat présidentiel.

SECTION I : Des fonctions du Premier ministre

Le Premier ministre est chargé de diriger, de contrôler, de coordonner et d'impulser l'action du Gouvernement (art.52, al.2).

Il exerce une autorité politique sur les membres du Gouvernement qui se traduit, notamment, par un pouvoir de coordination de l'action gouvernementale et d'arbitrage en cas de divergences.

À cet égard, il dispose d'une autorité réelle sur les ministres dont il propose la nomination ou la révocation au président de la République. Mais il faut relativiser la prééminence du Premier ministre, dans la mesure où la logique présidentialiste comporte la tendance, bien souvent irrésistible, d'inciter certains ministres à s'émanciper de la tutelle du Premier ministre.

Des ministres, qui entretiennent des relations privilégiées avec le président, en raison de leur portefeuille ministériel, vont s'adresser directement au président. Il s'agit. Le 1er ministre dispose d'un pouvoir d'arbitrage important.

En cas de désaccord entre les ministres, il appartient au Premier ministre de trancher. En outre, le Premier ministre peut suppléer le président de la République dont la présidence des conseils et comités est prévue aux articles 55 et 57 de la constitution.

Il peut aussi à titre exceptionnel le suppléer pour la présidence d'un conseil des ministres en vertu d'une délégation expresse et pour un ordre du jour déterminé.

Il préside le Conseil interministériel et décide de la création des comités interministériels.

Il est assisté dans ses fonctions par son cabinet et par le secrétariat général du Gouvernement, qu'une récente décision du Conseil a détaché de la Présidence de la République.

Le secrétariat général du gouvernement est la structure chargée de préparer avec le secrétariat général de la Présidence de la République l'ordre du jour du Conseil des ministres, d'établir la matrice de ses décisions, de saisir pour avis les institutions sur les projets de texte soumis au Conseil des ministres, de suivre la procédure législative, y compris la promulgation et la publication des lois votées, de publier les textes réglementaires adoptés et d'organiser les réunions interministérielles.

Dans la Constitution guinéenne, le terme gouvernement est mentionné dans les articles 52, alinéa 1er (Chef du Gouvernement), 52, alinéa 2 (… l'action du Gouvernement), 53, alinéa 1er (la structure et la composition du Gouvernement), 54, alinéa 1er et 55 alinéa 1er (membre/membres du Gouvernement). Cette répétition du terme indique qu'il s'agit bien d'une Institution collégiale ayant une existence constitutionnelle dont il convient de cerner la réalité.

Gouvernement vient du latin « *gubernare* », diriger un navire, lui-même issu du grec *kubernan*. Il désigne deux choses :

• l'organe collégial (personnes ou services) investi du pouvoir exécutif afin de diriger un État. Comme il ressort des articles 52 à 55 c'est la Constitution qui définit les modalités de désignation des membres du gouvernement (les **ministres**).

En Guinée, à l'instar de bien des pays, le gouvernement est **nommé par le Président de la République** et placé sous son autorité. Il est dirigé par le Premier ministre en est chef. Tel qu'il est mentionné dans la Constitution guinéenne, il épouse, à première vue, le sens restrictif de l'usage courant, qui signifie que le gouvernement est l'ensemble des ministres.

Mais le mot gouvernement est le plus souvent utilisé dans un sens plus large, comprenant le Président de la République, les ministres, le Parlement et toutes Institutions que la Constitution a créées pour le fonctionnement de l'État au service de la République.

Le mot gouvernement désigne aussi l'action de gouverner, c'est-à-dire d'exercer le pouvoir politique. On parle alors régime politique d'un État : gouvernement monarchiste, républicain, libéral, socialiste, sociodémocrate…

Organe collégial, le gouvernement fixe l'orientation générale de la politique. Il prend toutes les décisions et fait réaliser toutes les actions nécessaires au bon fonctionnement de l'État.

Il assure l'exécution des lois et des décisions de justice ; à cet effet, il dispose du pouvoir réglementaire, sous réserve des dispositions des articles 46 et 49 de la Constitution.

Le choix des membres du gouvernement appartient au Premier ministre, mais le Président peut interférer. Dans la bonne pratique, les deux s'accordent sur la composition du Gouvernement.

Le Président nomme donc, sur proposition du Premier ministre) et met fin aux fonctions des membres du gouvernement.

SECTION II : La hiérarchie gouvernementale et coordination gouvernementale

À l'exception du cas du Premier ministre, la hiérarchie gouvernementale résulte d'un choix discrétionnaire du président et du Premier ministre. En effet, la hiérarchie entre les ministres résulte du décret de nomination qui détermine l'ordre protocolaire, au sommet duquel se trouve justement le **Premier ministre**.

Ensuite viennent **les ministres d'État**. Il s'agit d'un titre honorifique destiné à distinguer une personnalité à raison de ses mérites et surtout parce qu'il représente au sein du gouvernement soit un courant politique, soit une sensibilité politique particulière qu'il convient de valoriser, soit des relations particulières avec le Président de la République.

Les ministres assurent la gestion d'un département ministériel et sont membres permanents du conseil des ministres. Il s'agit d'une dénomination ordinaire. Les ministres, qui ont en charge les activités qui correspondent au noyau dur des missions régaliennes de l'état, sont souvent mis en avant, en général ministre de la Justice, ministre de l'Administration du territoire, ministre de l'Économie et des Finances, ministre des Affaires étrangères, etc.

C'est surtout le poste de ministre de l'Économie et des Finances qui affirme une certaine puissance vis-à-vis des autres membres du gouvernement.

Les ministres délégués sont placés soit auprès du Premier ministre, soit d'un ministre pour suivre un secteur spécialisé de l'action gouvernementale. Ces ministres agissent par délégation du ministre auquel ils sont rattachés et qui peut leur donner des instructions. Ils sont donc dans une position minorée, néanmoins ils participent au conseil des ministres et ils ont autorité pleine et entière sur leur service.

Enfin les Secrétaires d'États placés soit auprès du Premier ministre soit auprès d'un ministre, ils n'ont qu'une place modeste. Et ils ne participent au conseil des ministres que pour les affaires qui relèvent de leurs attributions.

L'administration mise à leur disposition reste placée sous l'autorité du ministre qu'elle assiste.

Ce poste est intéressant pour un jeune talent qui veut faire l'apprentissage de la vie politique.

La coordination gouvernementale s'effectue à travers des formations gouvernementales spécifiques.

1) Le Conseil des ministres

Formation collégiale solennelle du pouvoir exécutif, censée incarner l'unité politique du gouvernement, le Conseil des ministres est présidé par le président de la République. Il est le point de passage obligé pour les textes importants (projet de loi, projet d'ordonnance, projet de décret, etc.) et pour les nominations individuelles.

Le Conseil des ministres n'est pas un organe de délibération, il est une instance de prise de décisions qui valide ou approuve le travail préalable fait par les services des départements ministériels.

2) Le Conseil interministériel

Réunis sous l'autorité du Premier ministre tous les ministres, le Conseil a pour mission de coordonner l'action des ministres. Il est l'espace où le Premier ministre rend les arbitrages nécessaires à la cohérence de l'action gouvernementale.

SECTION III : Responsabilité individuelle des ministres

a. Responsabilité pénale

Elle consiste à sanctionner à raison de crimes ou délits. Pour la responsabilité civile, il faudra aller devant un juge civil et dans les conditions de droit commun. En revanche, pour la responsabilité pénale, c'est un problème délicat.

Comme le dit la constitution, il faut distinguer la responsabilité des faits commis dans l'exercice des fonctions et la responsabilité des faits commis en dehors de l'exercice des fonctions.

i. Responsabilité pour les faits commis dans l'exercice des fonctions

Selon l'article 118 de la constitution, le Premier ministre et les membres du gouvernement sont pénalement responsables des crimes et délits commis pendant l'exercice de leurs fonctions

Ils sont justiciables de la haute cour de justice, seule juridiction devant laquelle la responsabilité pénale des ministres peut être mise en œuvre que devant la haute cour de justice.

La mise en accusation, pouvant être demandée par un dixième des députés ne peuvent intervenir, aux termes de l'article120 de la Constitution, que par un vote de l'Assemblée nationale au scrutin secret à la majorité des trois cinquièmes des membres qui la composent.

ii. La responsabilité des faits sans rapport avec la fonction ministérielle

En l'absence de lien entre les faits litigieux et la fonction ministérielle, les ministres sont jugés par les juridictions de droit commun. Il peut s'agir de faits qui n'ont pas de rapport avec l'exercice des fonctions (comportement relatif à la vie privée).

Dans la pratique, un usage veut qu'un ministre, mis en examen ou mis en cause dans une procédure judiciaire, même non liée à ses fonctions ministérielles, démissionne.

Cela permet de ne pas entraver l'action du gouvernement dont l'image pourrait être altérée.

b. Responsabilité politique

La responsabilité politique est une responsabilité collective du gouvernement devant le président de la République. La faute politique commise par un ministre engage donc le gouvernement dans son ensemble. Mais, bien souvent les ministres sont amenés à quitter leur fonction en dehors de tout remaniement d'ensemble du gouvernement ou en dehors du départ du Premier ministre. Le ministre peut être congédié par le Premier ministre pour des motifs politiques, mais aussi il peut être congédié indirectement par le président de la République. Et la pratique enseigne que le président peut obliger certains ministres à démissionner. On peut également commander qu'un ministre, qui n'est pas d'accord avec la politique du gouvernement, démissionne.

SECTION IV : Le conseil interministériel

La collégialité qui caractérise le fonctionnement du Gouvernement s'opère par la voie de réunions ministérielles servant d'instances de décision. La conséquence de la collégialité est la solidarité des membres du Gouvernement affirmée par l'article 55.

Le Conseil interministériel, présidé par le Premier ministre tient une session ordinaire par semaine. La réunion comporte trois temps :

- le premier est consacré aux textes de portée générale – projets de lois, ordonnances, décrets – pour lesquels une délibération du Conseil est nécessaire ;

- dans le second temps, sont abordées les décisions individuelles, essentiellement les nominations des hauts fonctionnaires ;

- le troisième temps est généralement consacré à l'exposé d'un ministre qui peut présenter l'état d'avancement d'une réforme dont il a la charge, à une intervention du Président qui peut solliciter sur un point particulier l'avis des participants.

La collégialité et la solidarité signifient que le gouvernement est doté d'une existence et d'une compétence propres, distinctes de celle des membres qui sont matérialisées par le Conseil des ministres.

SECTION V : La responsabilité politique

La responsabilité politique individuelle des membres du Gouvernement n'existe, en principe, qu'à l'égard du Président de la République. La responsabilité politique ne peut être que collective. Mais, en cas de faute grave, un ministre est individuellement responsable et peut être révoqué par le président sur proposition du Premier ministre.

En revanche, le Gouvernement n'est pas, selon le droit guinéen, mais sous réserve des articles 88 et 89, responsable devant l'Assemblée nationale.

Dans le régime constitutionnel guinéen, le gouvernement ne détient pas l'autorité politique, car il n'est pas responsable devant le Pouvoir législatif, de même que le chef de l'État qui est politiquement irresponsable assure une fonction d'arbitre et de garant de la continuité des institutions.

Le constituant guinéen, ayant constaté que le gouvernement doit prendre en charge les « contingences » de politique économique, de conflits sociaux, de fonctionnement des services publics, le Président de la République étant responsable de la place de la République de Guinée sur la scène internationale, de sa défense, et plus largement des choix essentiels engageant son avenir, a décidé d'éviter les situations de cohabitation en laissant au Président de la République l'autonomie du choix de son Premier ministre.

La manière dont la Constitution a réglé le désaccord qui pourrait survenir entre le Législatif et l'Exécutif indique que le Président de la République est investi d'un véritable pouvoir d'arbitrage. Il a droit de révocation sur les membres du Gouvernement et droit de dissolution de l'Assemblée.

SECTION VI : Des attributions propres du Premier ministre

Les attributions propres du Premier ministre sont fixées dans les articles 52 à 58 de la Constitution. La plus importante est celle d'être le Chef du Gouvernement. En cette qualité, l'article 52 déclare qu'il « *est chargé de diriger, de contrôler, de coordonner et d'impulser l'action du Gouvernement* ».

À ce titre et conformément à l'article 58, « *le Premier ministre préside les Conseils interministériels. Il préside les réunions ministérielles ou désigne, à cet effet, un ministre. Il peut déléguer certains de ses pouvoirs aux ministres* ».

La structure et la composition du Gouvernement sont conçues et proposées par le Premier ministre. Contrairement à la tradition constitutionnelle guinéenne, les articles 46 et 58 confèrent au Premier ministre le pouvoir de nomination « *à tous les emplois civils, excepté ceux réservés au Président de la République* ».

Le Premier ministre n'est pas le supérieur hiérarchique des autres ministres. Il ne peut jamais leur imposer de prendre une décision qu'ils ne veulent pas assumer, mais peut proposer leur révocation au Président de la République, en cas de faute grave.

Une responsabilité toute nouvelle dans le système constitutionnel incombe au Premier ministre, celle de promouvoir « *le dialogue social et de veiller à l'application des accords avec les partenaires sociaux et les partis politiques* ».

Cette fonction est cruciale dans la démocratie pluraliste que construit la nouvelle constitution et qui crée le droit de pétition, le droit des partis politiques d'opposition (art.3) et en renforçant les droits et libertés appartenant à la « *coutume* » juridique guinéenne.

« *Les membres du Gouvernement sont responsables de la direction de leur département respectif devant le Premier ministre* », dit l'article 55. Ils ont une responsabilité comptable devant l'Assemblée nationale, car ce sont principalement eux qui ordonnent d'effectuer des dépenses ou des recettes sur les finances de leur département ministériel.

Dotés d'attributions législatives et financières, le Premier ministre et le gouvernement prennent une part extrêmement active à l'élaboration de la loi ordinaire et ont en charge la préparation de l'exécution des lois de finances.

Selon l'article 54, les fonctions de membre de gouvernement sont incompatibles avec l'exercice de tout mandat parlementaire, toute représentation professionnelle à caractère national. Les ministres ont toujours accès aux assemblées parlementaires, mais ils n'y votent pas, car sont remplacés par leurs suppléants.

Le rôle de direction et de contrôle de l'action gouvernementale est facilité par certains éléments. Le Premier ministre, au nom du Gouvernement, « dispose de l'administration, de services propres dont le Secrétariat général du Gouvernement et son cabinet auquel s'ajoute un grand nombre de services qui lui doivent lui être rattachés.

À la fin du Conseil des ministres, le Secrétaire général du Gouvernement rédige un « relevé de décisions » rendant compte et attestant des décisions prises.

Le Secrétariat général du Gouvernement rédige également un compte-rendu intégral des délibérations.

Le communiqué qui sera distribué aux médias, préparé à l'avance est, au besoin, actualisé

CHAPITRE VIII :

DU POUVOIR RÉGLEMENTAIRE

La Constitution, ensemble de règles, qui déterminent la forme de l'État, la dévolution et l'exercice du pouvoir, se situe au sommet de la hiérarchie des textes législatifs et donne les indications et fixe les règles essentielles relatives aux statuts juridiques des organes de l'État, au rôle de chacune des Institutions politiques, aux principes qui doivent guider l'exercice de leurs attributions et l'accomplissement de leurs missions respectives.

Accessoirement, elle prévoit des aspects du fonctionnement de l'État dont la permanence, la mutabilité et la stabilité doivent être garanties contre l'éventuelle remise en cause au gré des conjonctures sociopolitiques mouvementées par le biais des lois ordinaires.

Face à cette exigence de permanence, de mutabilité et de stabilité, la Constitution dispose que « *toute loi, tout texte réglementaire et acte administratif contraire à ses dispositions* [celles de la constitution] *sont nuls et de nul effet* ».

Si la loi, comme le prévoit la Constitution, soit « *fixe les règles* », soit « *détermine les principes fondamentaux* » qui ont motivé son adoption, elle doit, en plus, contenir des dispositions qui attestent sa capacité de véhiculer des règles d'ordre général et procéder à une délégation de son pouvoir à l'exécutif.

Cette délégation s'opère, en général, pour des questions politiques qui persuadent le législateur à déléguer une partie de son pouvoir à l'exécutif. Le recours, plus ou moins systématique à la législation déléguée date au moins de la Première Guerre mondiale.

La justification théorique de cette translation de pouvoirs repose sur l'idée que, souverain, le Parlement a la compétence de sa transmission et donc peut décider de la léguer en partie. Il ne s'agit pas de céder une part du domaine législatif sans limites au Pouvoir exécutif, national ou local, mais d'autoriser celui-ci à y empiéter.

En effet, le législateur, après avoir « *fixé les règles* » ou « *déterminé les principes fondamentaux* », est compétent pour transférer au pouvoir réglementaire la faculté de prendre les mesures nécessaires à l'exécution ou l'application particulière des lois aux autorités exécutives.

L'article 74 de la Constitution, au lieu d'élever une cloison étanche, au contraire, ouvre au pouvoir réglementaire un large champ de compétences, non seulement pour l'application de la loi, mais aussi dans des matières *a priori* exclues du domaine de la loi.

Cette délégation est, pour emprunter le langage de la décentralisation, un véritable transfert de compétence défini par l'article 28 du Code des Collectivités locales de 2006, en ces termes : « constitue un transfert de compétence toute attribution ou toute reconnaissance de compétence conférée à une collectivité locale ayant pour effet de mettre un service administratif ou un service public auparavant *par les services de l'État sous la responsabilité de la collectivité* ».

C'est pourquoi, il convient de distinguer le pouvoir réglementaire destiné à l'application des lois du pouvoir réglementaire autonome défini par exclusion des éléments du domaine de la loi énumérés à l'article 72.

À titre d'exemple, la procédure civile, contrairement à la procédure pénale, relève exclusivement du domaine réglementaire, de même que le régime des contraventions qui n'entraînent pas de peines privatives de liberté.

En procès civil, le contentieux porte essentiellement sur un contentieux subjectif, traitant des droits de particuliers, ce qui explique que les règles de procédure civile touchent à un procès entre deux sujets de droit alors que les règles de procédure pénale concernent le procès entre la société et l'auteur d'une violation de la loi pénale.

Dans ce sens, le Code de procédure civile établit les principes de la justice civile et régit, avec le Code civil et en harmonie avec les principes généraux du droit, la procédure applicable aux modes privés de prévention et de règlement des différends lorsque celle-ci n'est pas autrement fixée par les parties, la procédure applicable devant les tribunaux de l'ordre judiciaire de même que la procédure d'exécution des jugements.

En effet, si la plupart des règles de procédure civile sont d'ordre public et s'imposent aux parties et au juge, il y a une atténuation à apporter à ce caractère, car, par son essence, la règle de procédure civile gère un contentieux de droit privé, alors que le service public de la justice vise la défense des intérêts particuliers et, à ce titre, doit prendre en compte l'intérêt des plaideurs.

Ces caractéristiques particulières de la procédure civile ne peuvent justifier l'argument selon lequel la procédure civile relève du domaine réglementaire. Ce sont les articles 72 et 74 de la Constitution qui en ont décidé ainsi, alors que l'article 72 cite explicitement la procédure pénale parmi les matières appartenant au domaine de la loi, l'article 74 donne la précision que « l*es matières autres que celles qui sont du domaine de la Loi ont un caractère réglementaire* ».

Par ailleurs et s'agissant du titulaire du pouvoir réglementaire, on peut déduire du contenu de l'article 58 de la Constitution que le titulaire normal du pouvoir réglementaire est le Premier ministre, mais aucun texte n'indique par quel acte il l'exerce, tandis qu'expressément la Constitution affirme que le président de la République exerce le pouvoir réglementaire par décret.

Il faut observer, cependant, que s'il ne peut être question de règlement sans texte le prévoyant, toutes les autorités administratives secondaires ne se situent pas pour autant à égalité, pour développer réglementairement ces textes.

L'application des lois implique une gradation dans les possibilités de compléter la loi par voie réglementaire.

L'article 74 de la Constitution, en disposant que tout ce qui n'est pas du domaine de la loi est du domaine du règlement, donne la compétence de droit commun au pouvoir réglementaire qui s'exerce, soit de façon largement autonome lorsqu'il intervient hors du domaine législatif, soit, classiquement, de façon dérivée pour l'application des lois.

L'article 72 de la Constitution, définissant le domaine de la loi, distingue les matières dans lesquelles l'Assemblée nationale énonce les principes fondamentaux de celles dans lesquelles il édicte les règles.

Les domaines, dans lesquels la loi fixe les règles, concernent :

- les garanties des libertés, des droits fondamentaux, les conditions dans lesquelles ils s'exercent et les limitations qui peuvent y être portées ;

- les droits civiques, la nationalité, l'état et la capacité des personnes, les régimes matrimoniaux, les successions et les libéralités ;

- les sujétions imposées pour la défense nationale aux citoyens, en leur personne et leurs biens ;

- la détermination des infractions, les peines qui leur sont applicables, la procédure pénale, l'amnistie, la création et la composition des ordres de juridiction et le statut des magistrats ;

• l'assiette, le taux, les modalités de recouvrement et de contrôle des impôts de toute nature et des contributions obligatoires ;

• le régime électoral de l'Assemblée nationale, en ce qui n'est pas indiqué par la Constitution, le régime électoral des Conseils élus des collectivités locales ;

• les garanties fondamentales accordées aux fonctionnaires civils et militaires de l'État ;

• le régime d'émission de la monnaie ;

• la création des catégories d'établissements publics ;

• l'expropriation, la nationalisation ou la privatisation d'entreprises,

• la création des collectivités.

Les matières, pour lesquelles la loi détermine les principes fondamentaux, sont :

• de l'organisation générale de la défense nationale et du maintien de l'ordre public ;

• de la libre administration des collectivités locales, de leurs compétences ;

• de l'enseignement et de la recherche scientifique ;

• régime de la propriété, des droits réels et des obligations civiles et commerciales ;

• du droit du travail, du droit syndical et de la protection sociale ;

• de la détermination des Statuts des corps diplomatique et consulaire ;

• du développement culturel et de la protection du patrimoine et de l'environnement.

La délégation de pouvoir du législatif à l'Exécutif réside dans les dispositions habilitantes de tout texte de loi, qui font usage des verbes « pouvoir » et « devoir » et donnent au présent de l'indicatif la valeur impérative dans les dispositions habilitantes.

MODALITÉS PRATIQUES DE TRANSFERT

La délégation se fait au moyen de renvoi qui peut être général ou précis.

1. Le renvoi général

Ce type de renvoi n'est possible que pour les décrets. La formule généralement employée est la suivante : *« un décret fixe les modalités d'application du présent article ou chapitre ou titre ou de l'article X du chapitre ou du titre Y ».* Cet alinéa est généralement inséré en fin d'article ou de chapitre ou de titre.

L'adjonction des termes *« en tant que de besoins »,* parfois utilisés, ne change rien à l'état du droit. Elle doit être évitée.

Dans la modification d'un texte, qui a lui-même prévu explicitement que son application fasse l'objet d'un décret, sans que soient nécessairement remises en cause les mesures réglementaires prises antérieurement, est insérée la formule suivante est d'usage : *« sauf dispositions contraires, les mesures d'application du présent article ou chapitre ou titre sont prises par décret ».*

Le renvoi à un décret pour fixer les « conditions » au lieu des « modalités » ne modifie pas l'étendue des pouvoirs dont disposera l'auteur du décret.

L'emploi de la formule *« Les modalités d'application du présent article ou chapitre ou titre sont fixées par voie réglementaire »* signifie que ces modalités ou conditions seront fixées, en principe, par décret.

2. Le renvoi précis

Il est préférable de procéder par le renvoi assignant à l'autorité chargée de la mesure d'application la définition de règles dans des domaines précisément déterminés.

Diverses formules rédactionnelles peuvent être employées indifféremment :

- un décret *fixe* : 1° ; 2°, etc. ;
- un décret *détermine* ;
- un arrêté du ministre chargé de. *Défini...*

Il peut apparaître utile de faire succéder, dans la même disposition, la définition du domaine d'intervention des mesures à intervenir. Toutefois, il convient d'éviter l'abus de cette commodité, comme c'est souvent le cas avec l'emploi de l'adverbe notamment, qui est rarement utile : *« 'un décret fixe les modalités d'application du présent article, notamment les sanctions encourues en cas de non-respect des prescriptions du présent article »'*

3. Le verbe pouvoir

« Article 82 : *L'Assemblée nationale peut habiliter par une loi, le Président de la République à prendre des mesures qui relèvent normalement du domaine de la loi, pour un délai donné et des objectifs qu'elle précise »'.*

Il appert de cette disposition constitutionnelle que le constituant a voulu donner au Président de la République le pouvoir réglementaire, selon le déroulement logique prévu par la loi d'habilitation.

4. Le verbe devoir

Article 23 : *L'État doit promouvoir le bien-être des citoyens, protéger et défendre les droits de la personne humaine et les défenseurs des droits humains.*

Article 25 : *L'État a le devoir d'assurer la diffusion et l'enseignement de la Constitution, de la Déclaration universelle des Droits de l'Homme de 1948, de la Charte*

Africaine des Droits de l'Homme et des Peuples de 1981 ainsi que de tous les instruments internationaux dûment ratifiés relatifs aux Droits humains.

L'État doit intégrer les droits de la personne humaine dans les programmes d'alphabétisation et d'enseignement aux différents cycles scolaires et universitaires et dans tous les programmes de formation des forces armées, des forces de sécurité publique et assimilés.

L'État doit également assurer dans les langues nationales par tous les moyens de communication de masse, en particulier par la radiodiffusion et la télévision, la diffusion et l'enseignement de ces mêmes droits.

Ces deux dispositions constitutionnelles mettent en lumière que le cas du verbe devoir est différent, car son usage dans le texte normatif est destiné à imposer au délégataire l'obligation d'exercer le pouvoir délégué. La combinaison de ce pouvoir et de l'obligation de l'exercer serait ce qu'il conviendrait d'appeler un pouvoir lié.

En procédant par un raisonnement *a contrario,* dont le point de départ est le dernier alinéa de l'article 83 de la Constitution qui dispose : *« 'L'Assemblée nationale ne peut habiliter le Président de la République à prendre par voie d'Ordonnance des mesures qui relèvent de la loi organique »',* on arrive à la conclusion que concernant les matières relevant de la loi ordinaire, la délégation de pouvoir du législatif à l'Exécutif est acquise, du moment que l'article 82 crée la possibilité d'habilitation que refuse l'article 83.

CHAPITRE IX :

DU DOMAINE DU POUVOIR RÉGLEMENTAIRE

Le pouvoir réglementaire est défini comme le pouvoir dont disposent les autorités exécutives et administratives pour prendre unilatéralement des actes exécutoires, de portée générale et impersonnelle.

Le règlement peut, dans ce sens, être comparé à la loi, car il édicte lui aussi une mesure générale et impersonnelle (ce qui différencie la loi et le règlement des décisions individuelles). Le pouvoir réglementaire est attribué au Président de la République et au Premier ministre sous réserve des dispositions des articles 46 et 49 de la Constitution.

Le système constitutionnel guinéen établit un pouvoir réglementaire, ne se limitant pas à l'application des lois, qui comporte les domaines non couverts par la loi. Dans l'esprit de la Constitution de 2010, le pouvoir réglementaire est détenu principalement par le Premier ministre, ainsi que par le Président de la République.

Mais, en raison de la légitimité résultant de l'élection et la conception du pouvoir exécutif héritée des régimes du PDG et du PUP délaissant tous les pouvoirs au Président de la République, expliquent qu'il est refusé au Premier ministre l'exercice de la plénitude de ses prérogatives constitutionnelles.

Or, la constitution charge le Premier ministre *« de diriger, de contrôler, de coordonner et d'impulser l'action du*

Gouvernement ; ... d'assurer l'exécution des lois et des décisions de justice ». Elle en fait le *« ... responsable de la promotion du dialogue social et veille à l'application des accords avec les partenaires sociaux et les partis politiques »*.

Il *« peut assurer la présidence du Conseil des ministres »*, dit l'article 56 de la Constitution.

La question est de savoir de quel acte réglementaire dispose le Premier ministre pour l'accomplissement des missions qui lui sont constitutionnellement confiées, notamment en ce qui concerne l'exercice du pouvoir de nomination aux emplois civils, dans la mesure où l'article 46 de la Constitution précise que le Président de la République *« ... nomme en Conseil des ministres aux emplois civils dont la liste est fixée par une loi organique »*.

SECTION I : Définition de règlement autonome

Dans le droit constitutionnel guinéen, issu de la réforme de 2010, le règlement autonome est un acte des autorités exécutives pris sur un sujet autre que ceux qui sont réservés à la loi. En effet, la constitution dispose : *« les matières autres que celles qui sont du domaine de la Loi ont un caractère réglementaire »*.

Toutefois, l'article 82 y met un tempérament de taille en déclarant : *L'Assemblée nationale peut habiliter par une loi, le Président de la République à prendre des mesures qui relèvent normalement du domaine de la loi, pour un délai donné et des objectifs qu'elle précise*.

Le règlement autonome s'oppose au règlement d'application ou d'exécution d'une loi, qui est nécessité par la mise en application de la loi sur laquelle il s'appuie. Les règlements autonomes sont susceptibles de recours devant le juge administratif, précisément la Cour Suprême, qui peut contrôler leur conformité à la Constitution et aux traités internationaux.

Le pouvoir réglementaire est extensible, en particulier par le biais de la procédure des ordonnances de l'article 90 de la Constitution.

Le pouvoir réglementaire local, consubstantiel à la décentralisation, dont le pouvoir de police administrative du maire en est un exemple, résulte des dispositions de la constitution selon lesquelles « *Les Collectivités locales s'administrent librement par des Conseils élus, sous le contrôle d'un délégué de l'État qui a la charge des intérêts nationaux et du respect des lois.* »

SECTION II : De la nécessaire habilitation législative prévue au bénéfice des autorités locales décentralisées

La loi confère aux autorités locales décentralisées le pouvoir de fixer des règles dans certaines matières, ainsi le pouvoir réglementaire local s'exerce sur habilitation du législateur qui en fixe les conditions, en vertu de la libre administration dans les conditions prévues par la Constitution.

Les collectivités locales disposent d'un pouvoir réglementaire initial et autonome, en application du principe de libre administration qui les habilite donc à user de leur pouvoir réglementaire en l'absence même de la loi.

Selon François Luchaire, les collectivités locales seraient seules compétentes pour édicter les mesures d'application des lois intéressant la libre administration au moyen de leur pouvoir réglementaire local.

SECTION III : De la primauté du pouvoir réglementaire national

Les articles 72 et 74 de la Constitution ont attribué au Pouvoir exécutif la prérogative de créer le droit par voie réglementaire, c'est-à-dire sans soumettre son acte unilatéral aux Députés. Ce faisant, la Constitution transfère au Pouvoir exécutif une partie du pouvoir que la Constitution attribue au pouvoir législatif.

Ce transfert a rapport à l'organisation et au fonctionnement de l'administration du pays. On constate que, par le biais de la loi, l'Assemblée nationale confie souvent aux autorités exécutives le soin de mettre sur pied un ensemble de règles à valeur de loi.

Cette délégation se fait chaque fois que le législateur :

• juge que le gouvernement est plus apte que lui, dans une question précise et, en vertu d'une documentation adéquate ou des compétences dont il dispose, à construire rapidement un ensemble de règles adaptées à une situation donnée,

• La question, pour importante qu'elle soit, ne revêt pas un caractère suffisamment « politique » pour que le Parlement veuille en encombrer son ordre du jour,

• L'urgence de la situation exige une solution à laquelle les délais inhérents aux travaux parlementaires ne permettent pas qu'on parvienne avec la rapidité nécessaire.

Le pouvoir réglementaire local, qui n'est ni initial ni autonome, est résiduel, subsidiaire par rapport à celui du pouvoir exécutif central. Il ne saurait entrer en concurrence avec lui.

En effet, lorsque la loi ne renvoie pas à un décret d'application, l'organe délibérant de la collectivité peut fixer les règles d'application de la loi pour organiser les services de la collectivité.

Mais, la loi ne saurait laisser aux collectivités locales le soin de prendre des mesures réglementaires qui mettent en cause les conditions essentielles de l'exercice des libertés publiques.

En la matière, la diversité territoriale et les inégalités entre citoyens face aux libertés sont inacceptables, et donc inconstitutionnelles.

SECTION IV : Des marges de manœuvre accrues du pouvoir réglementaire local offertes par la réforme constitutionnelle

La réforme constitutionnelle de mai 2010 innove en matière de pouvoir réglementaire local. Jusqu'alors, il était admis qu'il s'exerce dans les conditions prévues par la loi, mais sans y déroger, et pour l'édiction de mesures d'application préalablement encadrées par la loi.

Le pouvoir réglementaire local ne sera pas limité à une stricte fidèle application de la loi, qui peut autoriser des mesures locales édictées par les collectivités territoriales, dans le but :

- adapter les règles législatives aux caractéristiques particulières de la collectivité, qui vont intervenir dans des compétences et des matières appartenant à l'État et au domaine de la loi ;
- de transférer des compétences législatives dans lesquels le règlement local édictera désormais les règles qui vont intervenir en dérogeant aux règles législatives

Dans tous les cas, les conditions d'exercice du pouvoir réglementaire local sont prévues par les lois, mais le règlement local est pris au lieu et place des dispositions législatives.

SECTION V : Les compétences des ministres

Les pouvoirs des ministres s'organisent autour de deux missions principales, l'une administrative, l'autre politique.

D'une part, le ministre assure la direction administrative des services composant son département. Il est alors le supérieur hiérarchique de l'ensemble des agents placés sous son autorité. Il est en outre en charge du contrôle de tutelle sur les établissements publics agissant dans le champ de compétences de son ministère.

Un ministre dispose, par délégation, du pouvoir réglementaire consistant en sa capacité d'édicter des normes générales, pour organiser les services de son ministère et en celle de nomination.

Le régime juridique guinéen ne prévoit pas le contreseing des décrets du président de la République.

D'autre part, le ministre est en charge d'une mission politique, qui combine le rôle de coordination, d'impulsion et de contrôle des services sous sa tutelle et la responsabilité de mise en œuvre de la politique gouvernementale.

L'aspect politique de ses activités se limite au **Conseil des ministres** et au **Parlement** où la discussion est ouverte sur tel ou tel aspect de l'activité gouvernementale.

Les activités gouvernementales sont régies par deux principes directeurs que sont la solidarité et la collégialité.

Le gouvernement est sur le plan politique les ministres sont individuellement responsables devant le chef de l'état. Il n'existe pas de responsabilité collective, car les collaborateurs du président ne forment pas un gouvernement. Ses ministres ne sont responsables ni individuellement ni collectivement devant l'Assemblée nationale.

Toutefois, le gouvernement est solidaire et est responsable de sa politique devant le chef de l'état.

Le départ du Premier ministre, qu'il soit volontaire ou forcé, entraîne le départ du gouvernement dans son ensemble, car c'est un collège solidaire.

La collégialité exige des formes d'organisation adaptées, ainsi qu'une coordination interministérielle réalisée dans le sein du Conseil interministériel et des comités interministériels.

À l'exception du Premier ministre et du Garde des Sceaux, au titre de la justice, la constitution ne comporte pas de dispositions concernant la structure du gouvernement. Il revient donc au Premier ministre et au président de la République de définir le nombre de ministres et leurs attributions.

SECTION VI : Des actes réglementaires

1- DU DÉCRET

L'article 46 de la Constitution énonce : *« Le Président de la République dispose du pouvoir réglementaire qu'il exerce par décret. Il fixe par décret les attributions de chaque ministre »*.

Un décret est l'acte réglementaire ou individuel pris par le président de la République dans l'exercice de ses fonctions respectives. En effet, la plupart des activités politiques et administratives du président de la République se traduisent, sur le plan juridique, par des décrets. Ils constituent des actes administratifs unilatéraux.

Sur le plan de la forme, le décret comporte d'abord des visas, rappelant les textes sur le fondement desquels le décret est pris, et ensuite un dispositif divisé en plusieurs articles, précisant le contenu du décret et ses conséquences juridiques.

La portée des décrets est variable. **Ils sont soit réglementaires**, lorsqu'ils posent une règle générale, et s'appliquent ainsi à un nombre indéterminé de personnes, **soit individuels**, lorsqu'ils ne concernent qu'une ou plusieurs personnes déterminées (ex : décret de nomination d'un haut fonctionnaire).

L'Article 58 de la Constitution en déclarant que *« le Premier ministre dispose de l'Administration et nomme à tous les emplois civils, exceptés ceux réservés au Président de la République. Il assure l'exécution des lois et des décisions de justice ; à cet effet, il dispose du pouvoir réglementaire, sous réserve des dispositions des articles 46 et 49 de la Constitution »*, ne précise pas, comme l'a fait l'article 46, par quel acte le Premier ministre exerce le pouvoir réglementaire et nomme aux emplois civils.

Les décrets sont publiés au ***Journal officiel***.

Le fait remarquable en Guinée est que les Premiers ministres ont toujours été le premier parmi les ministres, sans jamais avoir exercé la fonction de Chef de gouvernement. La Constitution à l'article 52 définissant les attributions du Premier ministre, en fait le « *Chef du Gouvernement… chargé de diriger, de contrôler, de coordonner et d'impulser l'action du Gouvernement* ».

Tout comme la Constitution, ni le décret de sa nomination, ni celui par lequel les attributions de chaque ministre sont fixées ne disent pas par quel acte administratif le Premier ministre exerce les attributions qui sont dévolues par l'article 58 de la Constitution.

La lecture combinée des articles 46, 52 et 58 suggère que le Premier ministre devrait, comme dans les pays où le Premier ministre est investi de la fonction de Chef de gouvernement, pouvoir prendre des décrets après avis de la Cour suprême et avec le contreseing du ministre concerné.

Son pouvoir de nomination aux emplois civils que lui confère l'article 58 de la Constitution voué aux gémonies.

2- L'ARRÊTÉ

L'arrêté est l'acte réglementaire émanant d'une autorité gouvernementale autre que le président de la République. Ce dernier peut, toutefois, recourir aux arrêtés pour organiser les services relevant de la présidence de la République. Il peut s'agir des ministres, des gouverneurs, des préfets, des maires

Les arrêtés sont des actes administratifs unilatéraux.

Il faut préciser qu'un arrêté peut avoir plusieurs auteurs. Ainsi, il existe des arrêtés conjoints signés par différents ministres lorsque la matière relève de compétence de plusieurs départements ministériels. De même, il peut exister des arrêtés signés par plusieurs préfets s'ils concernent différentes préfectures.

Sur le plan de la forme, **l'arrêté**, comme le décret, **comporte à la fois des visas**, rappelant les textes qui le fondent, **et un dispositif** précisant le contenu de l'acte et ses effets juridiques. Ce dispositif se présente en principe, mais ce n'est pas une obligation, en un ou plusieurs articles.

Comme le décret, la portée de l'arrêté peut être variable. **Il peut être réglementaire**, lorsqu'il pose une règle générale (ex : un arrêté communal interdisant à toute personne circulant dans une rue d'y stationner), **ou individuel**le (ex : nomination d'un fonctionnaire).

SECTION VII : La procédure d'adoption des actes administratifs unilatéraux

Les procédures administratives, qui garantissent la protection des intérêts des administrés, sont ordinairement strictes et contraignantes, parce que pour certains domaines, la loi impose aux autorités administratives de consulter certains organismes avant de prendre leurs décisions

(Constitution : articles 46[32], 51 al.1[33], 51 al.3[34], 53 al.2[35]) lorsque la loi prévoit une obligation de consultation, l'avis donné à l'administration peut revêtir différents caractères :

I. dans certains cas, l'avis ne sera que facultatif, l'administration n'aura pas l'obligation de consulter,

II. pour d'autres, il sera obligatoire, cela signifie que l'avis doit être demandé, mais il peut ne pas être suivi (les décrets en Conseil des ministres ne peuvent être pris qu'après consultation du Conseil des ministres) ;

III. enfin dans certains cas l'avis est conforme, cela signifie que l'autorité administrative ne peut pas passer outre l'avis, soit elle s'y conforme, soit elle renonce à sa décision[36].

Lorsque l'administration modifie un acte administratif, elle ne peut le faire que dans le respect des règles qui encadrent la création de l'acte. Cela signifie que si l'acte a été pris en suivant une procédure particulière, la même procédure doit être suivie pour sa modification, en cas de suppression, il ne peut être remplacé que par la même autorité qui a pris l'acte initial.

L'administré n'est pas exclu de la procédure d'adoption des actes administratifs unilatéraux. En effet, lorsque les autorités administratives adoptent des actes unilatéraux, ils

---

[32] Il nomme en Conseil des ministres aux emplois civils dont la liste est fixée par une loi organique…

[33] Le Président de la République peut, après avoir consulté le Président de l'Assemblée nationale, soumettre à référendum tout projet de loi...

[34] Avant de convoquer les électeurs par décret, le Président de la République recueille l'avis de la Cour Constitutionnelle sur la conformité...

[35] Le Président de la République nomme les ministres et met fin à leur fonction, après consultation du Premier ministre.

[36] Art.109 constitution : Toute nomination ou affectation de Magistrat sans l'avis conforme du Conseil Supérieur de la Magistrature est nulle et de nul effet.

sont tenus de consulter préalablement les personnes qui seront concernées par l'acte.

Par exemple, lorsqu'un fonctionnaire doit faire l'objet d'une sanction, l'administration ne peut pas se prononcer avant de l'avoir entendue, conformément aux principes du contradictoire, de la présomption d'innocence et de la loyauté des procédures administratives. L'intéressé qui fait l'objet d'une décision défavorable devra pouvoir présenter ses observations écrites, il pourra également se faire assister.

Normalement, la procédure de nomination devrait revêtir la même procédure de loyauté.

SECTION VIII : Retrait et abrogation des décrets, ordonnances et arrêtés

Ordinairement, l'acte administratif unilatéral fixe lui-même sa date d'entrée en vigueur et sa durée d'application, à l'expiration de celui-ci il devient inopérant. À l'inverse, lorsque le délai d'expiration n'est pas prévu, l'acte à vocation à la perpétuité. Dès lors, son extinction ne pourra résulter que de la volition de son auteur d'y mettre fin, en recourant soit à la procédure d'abrogation, soit à celle de retrait.

L'abrogation est la décision qui annihile l'acte administratif unilatéral, c'est-à-dire lui retire toute efficacité pour l'avenir, il ne peut donc plus produire aucun effet.

L'abrogation peut être motivée par la volonté substituer à l'acte un nouvel acte, soit de l'anéantir complètement.

Les règles encadrant l'abrogation varient selon qu'il s'agit d'un acte réglementaire ou d'un acte individuel.

Lorsqu'il s'agit d'abroger un acte réglementaire, la loi est relativement souple. En effet, cette abrogation peut intervenir à tout moment, la raison étant que ce type d'acte n'est pas créateur de droits subjectifs. Cependant, dans le cas où l'abrogation serait de nature à affecter grandement les intérêts des administrés, l'administration devra prendre des mesures transitoires.

Lorsque l'acte administratif est illégal, la faculté pour l'administration d'abroger ses actes administratifs unilatéraux devient une obligation.

S'agissant des actes individuels, leur abrogation est possible à tout moment à condition qu'ils n'aient pas été créateurs de droits. Par ailleurs, tout comme les actes réglementaires, l'administration a l'obligation d'abroger les actes individuels non créateurs de droits devenus illégaux.

Concernant les actes créateurs de droits, leur abrogation n'est possible qu'à condition que l'acte soit lui-même illégal et qu'une loi ou un règlement ait prévu expressément cette possibilité d'abrogation. C'est le titulaire des droits qui devra en faire la demande.

Le retrait des actes administratifs unilatéraux est plus strictement encadré. En effet, le retrait entraîne un anéantissement rétroactif de l'acte, celui-ci étant, en conséquence, considéré n'avoir jamais existé. L'exigence de sécurité juridique implique l'existence de règles différentes, selon que l'acte est créateur de droits ou non créateur de droits.

Il est de principe que les actes réglementaires non créateurs de droits peuvent être écartés à tout moment et qu'elle qu'en soit la raison. A contrario, les actes réglementaires créateurs de droits ne peuvent faire l'objet de retrait que pour motif d'illégalité, l'administration devant alors agir dans les deux mois du recours contentieux.

Les actes individuels non créateurs de droits peuvent être abrogés à tout moment lorsqu'ils sont illégaux. À l'inverse, lorsque l'acte est légal, le retrait est impossible. La jurisprudence admet toutefois certaines exceptions, par exemple, lorsque l'acte individuel est défavorable et qu'il ne crée pas de droit pour les tiers, le retrait est possible à tout moment (par exemple, le licenciement d'un salarié).

Pour ce qui est des actes individuels créateurs de droits, le retrait n'est envisageable que si l'acte est illégal. Lorsque l'on est en présence d'une décision implicite d'acceptation de la demande d'un administré, le retrait est possible si la décision a été notifiée. La demande doit toutefois intervenir soit dans le délai du recours contentieux, soit dans les deux mois qui suivent la notification à la personne concernée.

Pour ce qui est des décisions explicites créatrices de droit, le retrait n'est possible que lorsqu'elles sont illégales et dans la limite du délai légal qui suit la signature de l'acte. Pour les décisions implicites de rejet, le retrait est possible à tout moment, si par la suite elles sont notifiées, le retrait ne pourra être demandé qu'au cours des deux mois qui suivent la notification.

SECTION IX : Du pouvoir réglementaire local d'adaptation des lois et règlements

Les collectivités territoriales exercent le pouvoir réglementaire d'adaptation des lois et règlements sous certaines conditions, notamment lorsqu'il a été prévu préalablement par la loi ou par la constitution.

L'objectif de transférer aux collectivités des compétences auparavant exercées par l'État ne signifie pas que les mesures réglementaires locales peuvent déroger aux lois et aux règlements. De toute façon, une habilitation législative préalable est nécessaire[37].

En effet, c'est la loi ou le règlement qui autorise, pour un objet et une durée limitée, les autorités décentralisées à

---

[37] **Article 280** : Les collectivités locales sont compétentes en matière de police sur toute l'étendue de leur circonscription territoriale, dans les limites et conditions fixées par la présente loi. (Code des collectivités locales)

édicter des mesures réglementaires dérogatoires, pour l'exercice des compétences locales. Le pouvoir réglementaire local apparaît ici clairement subordonné à celui du pouvoir exécutif central.

La référence au pouvoir de police générale est transparente. Il faut admettre que, de par leur objet et leur finalité, la réglementation et la police se distinguent difficilement, quand bien même l'ordre public est centré sur les questions de sécurité et de tranquillité publiques[38].

Cette combinaison de la compétence contraventionnelle et du pouvoir de police générale justifie l'édiction d'un acte réglementaire sur la matière contraventionnelle, puisque la violation des interdictions ou le manquement aux obligations édictées par les décrets et arrêtés de police ne sont punis que de l'amende prévue par la loi pour les contraventions.

La compétence en matière contraventionnelle est justifiée par la référence à une distinction subtile entre les actes relevant du règlement (compétence du législateur) et les mesures de limitation justifiées par la sauvegarde de l'ordre public qui procèdent de la compétence du pouvoir réglementaire.

Il sied de souligner que la différence entre la loi et le règlement réside dans le fait important que si les règlements sont mutables, la perpétuité est dans le vœu des lois.

SECTION X : De la limitation de la compétence réglementaire à la limitation de la compétence législative

En termes de séparation des pouvoirs, la réforme institutionnelle opérée par la Constitution de 2010 maintient la prééminence de la loi dans le champ normatif.

---

[38]**Article 281** : – la police des collectivités locales a pour but d'assurer le bon ordre, la sécurité, la tranquillité et la salubrité publique. (Code des collectivités locales)

En effet, c'est la Constitution, et non plus la loi, qui fixe le domaine de compétence du Pouvoir législatif et du Pouvoir exécutif, traduisant dans la réalité le principe selon lequel la véritable norme, expression de la souveraineté, est la Constitution. En fait, la maîtrise de la répartition des compétences normatives conformément à l'article 2 de la Constitution est une prérogative du pouvoir constituant.

Ainsi, ni l'Assemblée nationale ni l'Exécutif ne disposent dans leur compétence de cette prérogative. Cependant, le Gouvernement ne manque pas de moyens pour assurer la protection de son champ de compétence.

Il en est ainsi de l'article 85 qui permet au Président de la République d'opposer l'irrecevabilité à une proposition ou à un amendement qui n'est pas du domaine de la loi ou contraire à une délégation accordée en vertu de l'article 82 de la Constitution. Il en est ainsi de l'article 74, qui permet à l'Exécutif de modifier par décret les dispositions de nature réglementaire contenues dans une loi, après intervention de la Cour constitutionnelle.

La Constitution, plaçant dans le domaine de la loi la fixation de règles fondamentales ou de principes généraux pour un ensemble de matières particulièrement importantes, rend possible que les règlements soient pris dans toutes les matières, à l'exception de celles qui relèvent de la loi, conformément à son article 72.

La Constitution de 2010 a créé un pouvoir réglementaire autonome, qui s'exerce donc sans texte législatif l'y autorisant. Cependant, ce pouvoir ne doit pas empiéter sur le domaine de la loi.

L'article 72 n'épuise pas le domaine de compétence du législateur, puisque les matières suivantes relèvent de la compétence du législateur :

- la déclaration de guerre (article 91) ;
- la prorogation de l'état de siège (article 90) ;

▪ l'autorisation de ratifier certains traités (article 149, al. 2 et 151, al.2) ;

▪ les libertés individuelles (articles 5 à 26 de la Constitution) ;

▪ les collectivités territoriales (article 135, al.2).

En disposant que la loi *« fixe les règles... »* ou *« détermine les principes généraux... »,* l'article 72 de la Constitution laisse au Pouvoir exécutif le soin d'édicter les mesures nécessaires pour l'application de ces règles et principes généraux.

Dans ce sens, la compétence réglementaire, en matière de contravention par exemple, devait s'analyser comme une dérogation à la compétence de principe du législateur résultant des articles 72 et 74, conformément à l'adage *Lex specialis derogat legi generali*.

La compétence réglementaire est de nature à fonder, à elle seule, l'édiction de mesures contraventionnelles restreignant l'exercice d'une ou plusieurs libertés, par dérogation à l'article 24, alinéa 2 de la Constitution, mais dans l'intérêt de l'article 58, alinéa 2 de la Constitution.

Il est regrettable que la pratique gouvernementale guinéenne soit complètement en décalage avec les règles de la Constitution.

En effet, le Premier ministre n'exerce pas les quatre compétences à lui dévolues par la disposition suivante de la Constitution qui dispose : *« le Premier ministre <u>dispose</u> de l'Administration et <u>nomme</u> à tous les emplois civils, excepté ceux réservés au Président de la République. Il <u>assure</u> l'exécution des lois et des décisions de justice ; à cet effet, il <u>dispose</u> du pouvoir réglementaire, sous réserve des dispositions des articles 46 et 49 de la Constitution »'.*

Cette disposition constitutionnelle incombe au Premier ministre la responsabilité du maintien de l'ordre public, puisqu'il « *dispose de l'administration* » et « *dispose du pouvoir réglementaire* ».

La Constitution a conjugué le verbe « *disposer* » au présent de l'indicatif pour indiquer que le Premier ministre est détenteur du pouvoir autonome de *décider, déterminer, ordonner, prescrire des mesures, se servir ou employer* l'Administration, *de recourir* à la force publique pour le maintien de l'ordre public.

Cette prérogative, qui lui donne une très large marge d'action et en fait l'usager de l'Administration, lui est octroyé, parce qu'il « *assure l'exécution des lois et des décisions de justice* » et est soumis à une exigence de reddition de comptes énoncée en ces termes : « *le Premier ministre est responsable devant le Président de la République* ».

CHAPITRE X :

CONTRÔLE DE L'ACTION GOUVERNEMENTALE

Le contrôle de l'action administrative représente un enjeu fondamental de démocratie, la structure et le processus d'État sont perpétués par les règles de droit qui la fondent et confortent la légitimité auprès des citoyens.

L'inégalité entre l'administration et les administrés, par l'existence au profit de cette dernière de pouvoirs n'appartenant pas à ceux-ci justifie le contrôle39.

Le contrôle est l'expression de la subordination de l'administration à l'acteur politique. Traditionnellement, les sujétions pesant sur les administrations publiques, et dont font parties les contrôles, sont considérées comme les contrepoids équilibrant les relations administrations/environnement ce que Maurice-André Flamme appelle « le revers de la médaille »[40].

Le contrôle couvre les actes portant analyse, examen, évaluation et vérification de l'action administrative en rapport à l'éventuelle survenance d'un préjudice qu'il est souhaitable de maîtriser. De telles méthodes ont pour corollaire la production d'une appréciation ou d'un résultat.

39P. Weil, Le droit administratif (5e éd.), Paris, Presses universitaires de France, 1973, p. 44.

[40] M.-A. Flamme, Droit administratif, Bruxelles, Éditions de l'Université Libre de Bruxelles, 1989, p. 31

Le contrôle de l'action gouvernementale pourrait se définir comme l'ensemble des actes, démarches et pratiques portant examen, appréciation et résultats de l'action administrative. Il peut se concevoir dans le sens de : vérification/inspection/évaluation ; surveillance/supervision et maîtrise/domination[41].

Les deux premières acceptions se rapportent moyens mis en œuvre et la dernière se rapporterait aux objectifs.

L'administration lui est externe, dictée par l'autorité politique qui les formalise en textes de loi ou réglementaires. De l'article 2 de la constitution qui dispose : « *la souveraineté s'exerce conformément à la présente Constitution qui est la Loi suprême de l'État. Toute loi, tout texte réglementaire et acte administratif contraires à ses dispositions sont nuls et de nul effet* » il ressort que l'administration est sous la double subordination au pouvoir politique et au droit.

L'utilité des contrôles réside dans le maintien du pouvoir de la puissance publique dans les limites des prérogatives qui lui sont conférées par les lois, pour que l'appareil administratif soit revêtu de la légitimité.

À ce sujet, Jacques CHEVALIER écrit : « *les contrôles sont là pour garantir que l'administration ne s'écarte pas de la ligne qui a été tracée. Exercés par plusieurs types d'autorités différentes, ces contrôles sont tantôt externes, tantôt internes à l'administration.*[42] »

Les contrôles de l'action gouvernementale prennent les quatre formes suivantes de :

i. contrôle de conformité ;
ii. contrôle d'opportunité ;
iii. contrôle de gestion ;

---

[41] Viriato-Manuel SANTO et Pierre-Eric VERRIER

[42] J. CHEVALLIER, *op. cit.*, p. 512.

iv. contrôle opérationnel.

Le contrôle de conformité tend à contrôler la cohérence de l'action administrative avec les normes qui lui sont applicables, de sorte à en minimiser la violation.

Le contrôle d'opportunité est le pouvoir de s'assurer que les actes et décisions sont adaptés au but poursuivi, opportun au moment de l'acte ou de la décision et appropriés aux moyens mobilisés comparés aux moyens disponibles.

Le contrôle d'opportunité vise à garantir que le but poursuivi comporte toutes les chances d'être atteint avec des moyens proportionnés.

Le contrôle de gestion permet de mesurer des écarts entre les résultats obtenus et les résultats attendus et de faire une judicieuse appréciation des opérations de direction et de gestion visant à atteindre les objectifs de réorientation stratégique nécessaire de l'action administrative.

Le contrôle opérationnel est partie intégrante des opérations qui, additionnées les unes aux autres, forment l'activité administrative en termes de vérification, d'inspection, d'évaluation de surveillance, de supervision et de maîtrise.

L'objectif du contrôle opérationnel est de parvenir à une maîtrise des risques et de se procurer une assurance raisonnable de la bonne réalisation des objectifs de l'organisation.

Chaque contrôle organisé est consubstantiel à des procédures précises, impliquant une gradation dans la précision et l'importance des procédures à respecter.

Le contrôle juridictionnel présente les procédures les plus précises et les plus contraignantes, car il s'agit de juger et de préserver l'intérêt des parties intéressées.

En admettant que le contrôle de l'action administrative passe par la faculté qu'a tout citoyen d'exercer un recours contre les actes administratifs créateurs de droit, il s'ensuit que la majorité des différends et tensions surgissant entre l'administration et son environnement trouve une solution par le débat et le dialogue citoyens.

Le contrôle des actions politiques, celles des gouvernants, par les représentants élus du peuple, est largement accepté par les pays démocratiques comme règle du jeu pour l'édification d'un État de droit. Dans les pays sous-développés, majoritairement en Afrique et en Amérique latine, persistent encore les résidus de régimes totalitaires favorables à la dictature.

En République de Guinée, la Constitution de mai 2010 affirme la séparation des pouvoirs et préconise, à l'article 72 le contrôle de l'action gouvernementale par l'Assemblée nationale

SECTION I : Le contrôle parlementaire

Le contrôle de l'action du gouvernement et l'évaluation des politiques publiques dévolus explicitement par l'article 72 de la Constitution est plus que la reconnaissance d'une prérogative, il s'affirme comme une fonction qui doit s'affirmer de manière plus concrète et plus opérationnelle, moins évanescente, et une nécessité.

Le constituant guinéen a fait du contrôle parlementaire est l'un des piliers de l'État de droit.

Le pouvoir exécutif et l'administration doivent, en effet, demeurer sous l'œil vigilant des citoyens pour éviter que s'insinue et s'installe la dictature.

Contrairement à la lettre de l'article 72, le parlement n'est pas du monopole de l'évaluation des politiques publiques ou du contrôle de l'action du gouvernement.

D'autres acteurs du contre-pouvoir sont à l'œuvre : la Cour constitutionnelle, le Pouvoir judiciaire, la Cour des comptes, l'Institution nationale indépendante des droits de l'homme, le Médiateur de la République, les médias…

Mais, dans une démocratie représentative, c'est aux parlementaires qu'il appartient d'exercer au premier plan cette mission.

Par le contrôle, le parlement peut montrer que, loin de toujours faire prévaloir des considérations d'ordre politique, il participe aussi au respect des strictes exigences de l'État de droit.

La fonction de contrôle parlementaire a un caractère englobant, dans la mesure où elle prédomine le processus législatif, permettant ainsi de garantir ou de préserver, en permanence, la qualité des lois et de leur application et d'inspirer des adaptations législatives.

Elle imprime plus d'effectivité à la mission de représentation du parlement, celle-ci consistant à s'assurer que le gouvernement agit conformément aux attributions qui lui sont conférées par la Constitution.

L'une des conditions pour réaliser cette perspective réside dans la capacité pour l'Assemblée nationale et ses membres de prévenir ou de conjurer les dérives de l'Exécutif, tout en préservant l'esprit de la République, qui rejette l'idée d'un harcèlement parlementaire conduisant à l'instabilité institutionnelle.

Par commodité, le Pouvoir exécutif a une inclination naturelle à restreindre l'étendue des contrôles parlementaires. À cette fin, il s'appuie sur sa majorité, au sein de laquelle s'impose la règle de la discipline de groupe, pour maintenir l'opposition à distance. S'il advient que la logique institutionnelle l'emporte et que les vues des parlementaires de la majorité et de l'opposition confluent, l'Exécutif peut alors tenter d'user des voies juridiques, constitutionnelles ou non, pour écarter les initiatives parlementaires importunes ou en minimiser la portée.

À l'évidence, la fonction de contrôle se développe dans un large espace de liberté, que protège un corpus de règles et de contraintes, permettant aux Députés d'agir presque sans entraves en leur qualité de contrôleurs constitutionnels de l'Exécutif.

La Constitution de 2010 comporte des règles explicites en la matière, offrant un large champ à l'Exécutif de pouvoir limiter les effets ou les résultats des initiatives parlementaires en matière de contrôle. Toutefois, la Constitution a donné au parlement toutes les ressources pour surmonter ces obstacles, sans encourir la moindre sanction.

En plus du principe affirmé à l'article 72, la Constitution contient des dispositions relatives au contrôle parlementaire.

Les articles 46 et 58 de la Constitution ouvrent, en plus et en dehors de la réunion de la Haute Cour, l'hypothèse où le parlement contrôle directement les actes du chef de l'État. À cet égard, l'alinéa 4 de l'article 46 de la Constitution fixe les conditions dans lesquelles les nominations sont faites par le président de la République et peuvent s'y opposer par le vote d'une loi organique portant listes des emplois civils réservés au Chef de l'État.

La préoccupation constante du constituant, tant celui de 1990 que celui de 2010, a été d'éviter que le pouvoir de contrôle ne s'engage dans voie détournée, pour se muer en pouvoir de sanctionner ; entendu que les pouvoirs de contrôle des organes parlementaires ont pour objet de permettre à l'Assemblée nationale d'exercer son contrôle sur la politique du gouvernement dans les conditions prévues par la Constitution. De même, l'Assemblée nationale ne doit pas formuler, dans ses activités de contrôle, d'injonctions à l'intention du gouvernement.

I - POUVOIR D'ENQUÊTE ET D'INFORMATION

On s'attardera sur les pouvoirs d'enquête des organes de l'Assemblée, en laissant de côté le contrôle budgétaire, ainsi que les questions orales et écrites qui peuvent être posées dans une totale liberté.

Les commissions d'enquête sont les plus encadrées juridiquement par la loi organique L/91/015/CTRN du 23 décembre 1991portant règlement intérieur de l'Assemblée nationale. Cette loi fait peser des contraintes juridiques sur les députés pour ce qui est de l'initiative de l'enquête : de son champ d'investigation et dans sa durée.

L'article 39 de ladite loi dispose : « *L'Assemblée nationale peut, par une résolution, créer des commissions d'enquête. Les commissions d'enquête sont formées pour recueillir des éléments d'information sur des faits déterminés et soumettre leurs conclusions à l'Assemblée nationale. Il ne peut être créé de commission d'enquête. Les commissions d'enquête sont formées pour recueillir des éléments d'information sur des faits déterminés et soumettre leurs conclusions à l'Assemblée nationale. Il ne peut être créé de commission d'enquête lorsque les faits ont donné lieu à des poursuites judiciaires et aussi longtemps que ces poursuites sont en cours. Si une commission a déjà été créée, sa mission prend fin dès l'ouverture d'une information judiciaire relative aux faits qui ont motivé sa création. Les commissions d'enquête ont un caractère temporaire. Leur mission prend fin par le dépôt de leur rapport et au plus tard à l'expiration d'un délai de quatre mois à compter de la date de l'adoption de la résolution qui les a créées. Elles ne peuvent être reconstituées avec le même objet avant l'expiration d'un délai de douze mois à compter de la fin de la mission.*

Tous les membres des commissions d'enquête et de contrôle, ainsi que ceux qui, à un titre quelconque, assistent ou participent à leurs travaux, sont tenus au secret, toute infraction à cette disposition est punie des peines prévues par la loi. Sont punis des peines prévues par la loi, ceux qui publieront une information relative aux travaux, aux délibérations, aux actes ou aux rapports non publiés des commissions d'enquête et de contrôle ».

De ce qui précède, empêcher l'initiative des députés de créer une commission parlementaire d'enquête de prospérer est le meilleur moyen pour l'Exécutif de se protéger, du moment que les propositions de résolution tendant à la création d'une commission d'enquête doivent d'abord déterminer avec précision soit les faits qui donnent lieu à enquête, soit les services ou entreprises publics dont la commission doit examiner la gestion. Cette condition formelle n'est guère difficile à remplir.

Il est à noter qu'une proposition de résolution, tendant à la création d'une commission d'enquête ayant le même objet qu'une commission créée antérieurement et ce, dans certain un délai mois à compter du terme de ses travaux, est irrecevable.

Il en est de même lorsque cet objet recoupe celui étudié par une commission permanente qui s'est érigée en commission d'enquête. C'est le président de l'Assemblée nationale, le cas échéant ou en cas de doute et après avis du bureau, qui prononce cette irrecevabilité.

Au nom d'une conception stricte de la séparation des pouvoirs, la disposition susmentionnée interdit de créer des commissions d'enquête sur des faits ayant donné lieu à des poursuites judiciaires et aussi longtemps que ces poursuites sont en cours.

Le président de l'Assemblée saisit le Garde des Sceaux aux fins de savoir si des poursuites judiciaires sont en cours sur les faits ayant motivé le dépôt de la proposition. Si tel est le cas, la proposition de résolution ne peut être mise en discussion ; celle-ci est interrompue si elle a déjà commencé.

Plus encore, l'ouverture d'une information judiciaire après la création d'une commission d'enquête met fin immédiatement aux travaux de celle-ci.

Cette règle comporte le risque d'empêcher formellement l'Assemblée de se saisir des dossiers pour lesquels l'intervention des députés paraît légitime.

Cette appréciation de l'opportunité peut poser une difficulté ; quand on imagine l'utilisation que pourrait faire l'Exécutif, par le biais du Garde des Sceaux, de son droit de constater que des poursuites judiciaires sont en cours sur les faits en cause.

Une marge d'appréciation étant souvent possible, le gouvernement pourrait ne pas hésiter à avoir une conception extensive de cette notion pour entraver, en accord avec sa majorité, la possibilité pour l'opposition d'obtenir la création d'une commission d'enquête. Serait-ce conforme à l'esprit de la réforme institutionnelle de 2010 ? La réponse est non !

Le champ d'investigation peut-il être restreint juridiquement ? Aux termes de l'article 89 de la Constitution : « *Le Gouvernement est tenu de fournir à l'Assemblée nationale toutes explications qui lui seront demandées sur sa gestion et sur ses activités. Les moyens de contrôle de l'Assemblée nationale sur l'action gouvernementale sont les questions écrites ou orales avec ou sans débat auxquelles sont tenus de répondre le Premier ministre et les ministres. Les réponses données ne sont pas suivies de vote. Elles sont publiées au Journal officiel. Une séance par semaine est réservée, au cours de chaque session ordinaire, aux questions orales sans débat. L'Assemblée nationale peut désigner en son sein des commissions d'enquête. Le Règlement intérieur de l'Assemblée nationale détermine les pouvoirs de ces commissions. Elles sont créées par la loi, qui en définit la composition, le fonctionnement, l'objet et en précise les pouvoirs.* »

Pour l'exercice des missions de contrôle de l'action du gouvernement et l'évaluation des politiques publiques définies à l'article 39 du Règlement intérieur de 1991, des commissions d'enquête peuvent être constituées « *pour recueillir des éléments d'information sur des faits déterminés et soumettre leurs conclusions à l'Assemblée nationale.* »

Interprétée strictement, cette rédaction du Règlement intérieur pourrait interdire la création de telles commissions lorsque ni l'action du gouvernement ni une politique publique ne sont en cause. Cette interprétation est cohérente avec l'esprit de la réforme constitutionnelle de 2010.

Si d'une part, les parlementaires ne peuvent, en principe, enquêter sur des dossiers pour lesquels une information judiciaire est ouverte, d'autre part, il existe des restrictions de cet ordre, tel le pouvoir donné par l'article 88 de la Constitution à l'Assemblée et ses commissions de convoquer devant elle toute personne, dont l'audition lui paraît nécessaire.

Les articles 88 et 89 de la Constitution et 39 de la loi L/1991/015/CTRN de 1991 ne semblent pas avoir envisagé les sujets à caractère secret, qui concernent la défense nationale, les affaires étrangères, la sécurité intérieure ou extérieure de l'État. On peut déduire de la rédaction de cette disposition que les rapporteurs des commissions d'enquête ont droit d'accès à tous documents et exercent leur mission sur pièces et sur place et tous les renseignements de nature à faciliter cette mission doivent leur être fournis, sans que le secret leur soit opposé.

Le pouvoir d'enquêter est toutefois tenu dans les limites temporelles strictes fixées par l'article39 de la loi L/1991/015/CTRN portant Règlement intérieur de l'Assemblée nationale, qui dispose : « *les commissions d'enquête ont un caractère temporaire. Leur mission prend fin par le dépôt de leur rapport et au plus tard à l'expiration d'un délai de quatre mois à compter de la date de l'adoption de la résolution qui les a créées.* »

Rien dans la constitution ni dans le règlement intérieur n'interdit aux commissions permanentes ou spéciales de demander à l'Assemblée de leur conférer les prérogatives des commissions d'enquête, dans ce cas, on peut subodorer que l'habilitation sera donnée pour une mission déterminée et une durée n'excédant pas quatre mois. Il s'agit d'éviter qu'une commission ne se mue en commission d'enquête permanente.

Les commissions d'enquête constituent le stade ultime du contrôle parlementaire ; c'est pourquoi elles sont enserrées dans des règles formellement strictes. Pour autant, ces restrictions demeurent l'exception. L'Assemblée nationale dispose des moyens les plus étendus de s'informer dans tous les domaines, notamment budgétaire, grâce aux rapports spéciaux des commissaires aux finances, aux délégations parlementaires, à la commission de comptabilité et de contrôle, aux questions, aux rapports d'application des lois, aux missions d'évaluation et de contrôle, à des groupes de travail informels.

Tous ces instruments permettent à l'Assemblée de surmonter les quelques obstacles juridiques que l'Exécutif ambitionnerait leur opposer. Les missions d'information constituent un moyen particulièrement expédient pour ce faire.

Les commissions permanentes sont libres de créer des missions sans que le gouvernement ait les moyens de s'y opposer.

Dans les faits, la création de telles missions demeure très facile. Outre que le fonctionnement d'une mission est beaucoup moins lourd et que sa constitution revêt un caractère moins dramatique, c'est sans doute pour ce motif qu'il est fait recours à ces missions en lieu et place des commissions d'enquête.

Le fait que les rapporteurs de ces missions ne disposent pas des pouvoirs de coercition dont bénéficient leurs homologues des commissions d'enquête ne semble pas rédhibitoire.

Dans sa mission de contrôle, l'Assemblée est finalement peu contrainte juridiquement par les textes et ce, d'autant plus qu'elles ne sont elles-mêmes soumises à aucun véritable contrôle et peuvent librement s'organiser et agir.

II - LES QUESTIONS

Les questions, sous leurs différentes formes orales et écrites, sont les instruments parlementaires les plus anciens de contrôle de l'activité du Gouvernement.

Ces procédures, qui se déroulent sans vote, ont un caractère individuel et permettent l'information des députés sur des sujets ponctuels et des points d'actualité. Le régime juridique guinéen n'a pas prévu la mise en jeu de la responsabilité politique du Gouvernement.

Dans le contrôle de l'action du Gouvernement par le Parlement, si l'on peut relever que les questions constituent la forme la plus directe, on peut affirmer que les questions orales sont les plus immédiates.

Elles sont le lien qui garantit un suivi permanent de la plupart des domaines de l'action gouvernementale et qui assure, chemin faisant, des fenêtres d'expression à l'opposition.

A. LES QUESTIONS ORALES

Le droit d'interroger le Gouvernement en séance a été consacré par l'article 89 de la Constitution de 2010, en ces termes : « *les moyens de contrôle de l'Assemblée nationale sur l'action gouvernementale sont les questions écrites ou orales avec ou sans débat auxquelles sont tenus de répondre le Premier ministre et les ministres. Les réponses données ne sont pas suivies de vote. Elles sont publiées au Journal Officiel.* »

L'alinéa suivant de cet article précise : « *une séance par semaine est réservée, au cours de chaque session ordinaire, aux questions orales sans débat* ».

Dans ce cadre, l'Assemblée nationale gère librement, en accord avec le Gouvernement, les séances de questions orales. Les conditions de dépôt des questions sont ainsi fixées par le Bureau et l'organisation des séances est arrêtée par la Conférence des Présidents.

Ces questions sont ainsi appelées parce qu'il leur est répondu oralement, le règlement intérieur précise que les questions portant sur la politique générale sont posées au Premier ministre.

1 – Les questions orales sans débat

Le principe qui gouverne la procédure des questions orales interdit toute question collective, en particulier celles que pourrait poser un président au nom d'un groupe politique ou d'une commission permanente.

Ce principe est une application de la règle posée par l'article 70 de la constitution : « *tout mandat impératif est nul* ».

Les questions sont posées par un député à un ministre. Elles permettent un dialogue rapide entre le ministre interpellé et l'auteur de la question qui seul peut reprendre la parole.

D'intérêt local pour le député qui en est l'auteur, elles doivent être sommairement rédigées et se limiter aux éléments strictement indispensables à la compréhension de la question.

Le texte des questions est remis au Président de l'Assemblée nationale, qui le notifie au Gouvernement.

Ce genre de questions commence par un échange entre le parlementaire et le ministre compétent pour déboucher sur un débat ouvert à tous les orateurs inscrits

Il appartient à la Conférence des présidents d'arrêter le calendrier des séances et le nombre de questions orales sans débat, avec une répartition entre les groupes selon le principe de parité qui s'applique aux séances de questions au Gouvernement.

2. – Les questions au Gouvernement

La Conférence des présidents décide du temps consacré à chaque question, réponse du ministre comprise.

La parité entre la majorité, l'opposition et les députés non-inscrits est réalisée sur les séances.

En séance, le président appelle les questions selon un ordre qui fait alterner, autant que faire se peut, une question émanant d'un groupe majoritaire et une question posée par un groupe d'opposition, la première d'entre elles revenant de droit à un groupe d'opposition ou un groupe minoritaire.

Contrairement aux questions orales, les questions au Gouvernement ne sont ni déposées, ni notifiées, ni préalablement publiées.

En principe, leur contenu n'est pas communiqué au Gouvernement, seuls les noms des auteurs lui sont transmis une heure avant l'ouverture de la séance. Le caractère spontané des questions et la présence de l'ensemble des membres du Gouvernement assurent une large audience à ces séances qui, du fait de leur retransmission télévisée, constituent un temps fort de la semaine parlementaire.

Le contenu des questions, obéissant à l'exigence de courtoisie et d'altérité, est libre. Dans la pratique, la dualité questions orales – questions au Gouvernement permet de réserver les questions d'intérêt local aux premières et les questions politiques à caractère général aux secondes.

3. – Les questions à un ministre

Cette procédure originale, reposant sur des questions et des réponses limitées à un nombre de minutes défini par la conférence des présidents.

B. LES QUESTIONS ÉCRITES

Prévue par l'article 89 de la Constitution et l'article 91 du Règlement de l'Assemblée nationale, cette procédure constitue une prérogative individuelle des députés. Elle est la seule procédure parlementaire de ce type à s'exercer hors du cadre de la séance et dont l'effet est différé.

Pour Hauriou, la question écrite est une demande de renseignement adressée par un parlementaire à un membre du gouvernement.

Pour B. Jeanneau « ce sont des questions posées par les membres du parlement aux ministres et auxquelles il est répondu dans le Journal officiel ».

Les questions écrites sont posées par un député à un ministre ; seules celles qui portent sur la politique générale du Gouvernement sont posées au Premier ministre.

Les questions écrites doivent être sommairement rédigées et se limiter aux éléments strictement indispensables à la compréhension de la question. Elles ne doivent contenir aucune imputation d'ordre personnel à l'égard de tiers nommément désignés.

En outre, le principe de séparation des pouvoirs et d'irresponsabilité du chef de l'État interdit à l'auteur d'une question écrite de mettre en cause les actes du Président de la République.

Le texte des questions écrites est remis au Président de l'Assemblée nationale, qui le notifie au Gouvernement.

Les députés peuvent déposer leurs questions par voie électronique, en utilisant le portail Internet de l'Assemblée nationale.

Les réponses aux questions n'ont en principe aucune valeur juridique et ne lient pas l'administration sauf en matière fiscale où elles sont considérées comme exprimant l'interprétation administrative des textes.

En raison de sa simplicité et de son caractère illimité et facilité par les nouvelles techniques informatiques, la procédure des questions écrites permet aux députés d'intervenir, quand ils le souhaitent (même en intersession) et autant qu'ils le souhaitent auprès des ministres pour des questions touchant souvent directement leurs électeurs.

L'analyse des différents mécanismes de contrôle exposés ci-dessus montre que l'Assemblée nationale constitue, dans le système juridique guinéen, un véritable contrepoids aux pouvoirs de l'Exécutif, sous la réserve que toutes les attributions légales, qui lui sont dévolues par la constitution, soient effectivement appliquées.

Quant aux autres modes de contrôle, non assortis de sanction, ils ne sont pas pour autant moins efficaces par leur rôle d'information puisqu'ils attirent l'attention de l'opinion publique sur les grandes questions d'intérêt national et soumettent ainsi les actions du gouvernement au jugement populaire.

Il faut admettre que la mission de contrôle de l'Assemblée nationale, quoiqu'essentiel à la pratique de la démocratie, demeure encore embryonnaire. À ce sujet, Claude Leclerq émet le constat selon lequel « *sans aller certes jusqu'à la dictature de l'exécutif, on constate un déclin plus ou moins marqué, mais réel de presque tous les parlements contemporains ; au mieux, les parlements n'ont plus qu'une fonction de contestation ou de contrôle plus ou moins développé selon les régimes à l'égard des gouvernements qui loin d'être des exécutants de la volonté parlementaire, deviennent de plus en plus des organes d'impulsion et d'action...* »[43]

La tendance à la prééminence de l'exécutif sur le parlement est dommageable à l'affermissement de l'État de droit et affaiblit la participation populaire à l'exercice du pouvoir.

Or, la Constitution est claire, lorsqu'elle affirme en son article 2 : *« la souveraineté nationale appartient au Peuple qui l'exerce par ses représentants élus ou par voie de référendum. Aucun individu, aucune fraction du peuple ne peut s'en attribuer l'exercice ».*

Dans la logique de cette disposition, la fonction de contrôle parlementaire sur l'Exécutif met en lumière la place de l'Assemblée nationale dans l'architecture de l'État de droit comme corollaire de la légitimité du pouvoir d'État. Il n'est alors pas envisageable de concevoir l'exercice de la démocratie et la construction d'un État de droit en dehors de cette optique.

L'État de droit passe par la nécessaire installation de l'Institution parlementaire dans toute sa plénitude. Le rôle de contrepoids aux pouvoirs de l'exécutif dévolu au parlement est la condition essentielle à l'instauration et au maintien de toute gouvernance démocratique nourrie de la séparation des pouvoirs et des règles de l'économie libérale.

C - Spécificité du contrôle de constitutionnalité

À partir du moment où il existe au sein de l'institution parlementaire une majorité favorable au Pouvoir exécutif et où la plupart des textes législatifs sont d'origine gouvernementale, le rôle du parlement est réduit à approuver ou amender la loi sans en remettre en cause l'essentiel du contenu.

---

43 . Droit constitutionnel et Institutions politiques : Claude Leclerq ; page 219 ; Edition Montchrestien E.J.A ; Paris 1991

Dans un tel contexte, le droit reconnu à un dixième des députés[44], au Président de l'Assemblée[45] de saisir la Cour Constitutionnelle de la constitutionnalité des lois, n'apparaît plus alors comme un moyen d'action du parlement sur le gouvernement, mais plutôt comme une forme de contrôle de l'action gouvernementale.

En effet, selon l'article 79 de la Constitution « *Le recours suspend le délai de promulgation de la loi* ».

D - Le contrôle de l'application des lois

Une malheureuse pratique existe en Guinée consistant, pour le Gouvernement, de ne pas joindre aux projets de loi contenant dispositions renvoyant à des textes d'application. Or, d'un point de vue principiel, les dispositions législatives ne peuvent entrer en vigueur que lorsque les textes réglementaires d'application sont parus.

Il se trouve qu'en Guinée, l'efficacité de nombreuses lois est émoussée par l'inaction ou le manque de diligence du Gouvernement à prendre les nécessaires textes d'application qui relèvent du domaine du règlement (décrets, arrêtés) et il n'est pas rare que les lois votées depuis plusieurs années restent pour cette raison sans effet.

La conséquence de cette lenteur est de vider les lois de leur portée, de minorer l'action du législateur.

Pour y remédier, l'assemblée, par sa commission des lois devrait exercer un contrôle systématique de la publication des textes d'application des lois en dressant régulièrement un bilan des lois ou articles de lois votées, mais non encore appliquées, faute de textes d'application.

À l'occasion de ce contrôle, le Parlement vérifie, lorsqu'ils paraissent, que les textes réglementaires se conforment bien aux lois qu'elles sont censées mettre en

[44] Article 80, constitution
[45] Article 95, 97, constitution

œuvre. Ce contrôle n'est pas resté sans écho puisqu'un progrès dans le calendrier d'application des lois peut être observé et que l'Assemblée peut exiger du Premier ministre de lui transmettre les mesures d'application prises par le gouvernement en ce qui concerne les lois votées.

Cette exigence est une application de l'adage *« nul n'est censé ignorer la loi »*, au sens *sui generis*.

La pratique du contrôle de l'application des lois qui n'a pas cours dans notre pays, gagnerait à être instaurée. En effet, cette forme de contrôle permet de veiller à l'application concrète des lois votées par l'Assemblée.

Ce contrôle permet également de s'assurer de la diligence des structures de l'exécutif et de leur efficacité dans l'accomplissement de leurs tâches.

Le contrôle d'application des lois constitue véritablement un prolongement du pouvoir législatif imparti aux Parlements. En Guinée, le contrôle de l'application des lois relève, en toute logique de la commission des lois.

SECTION II : Le contrôle juridictionnel

Le contrôle juridictionnel est l´élément fondamental du contrôle des organes du Pouvoir judiciaire sur l'action des organes de l'Exécutif et une pièce essentielle du droit administratif dans la mesure où il est le contrôle exclusivement juridique de l´administration et que donnant lieu à des décisions revêtues de l´autorité de chose jugée, il est la forme de contrôle dont les effets juridiques sont les plus puissants.

Le contrôle juridictionnel de l'action administrative ou la procédure en annulation des décisions illégales de l'administration se conçoit comme le moyen efficace de la protection contre les conséquences dommageables de l'action administrative.

Tout acte administratif, pris par une autorité administrative, en violation des règles de compétence ou des conditions de fond ou de forme prévues par la loi, peut être qualifié d'excès de pouvoir, puisque l'action administrative est soumise, à peine de nullité, au principe de légalité.

Un acte administratif, qui cause un dommage peut engendrer un contentieux administratif pouvant aboutir à son annulation comme sanction de la transgression du principe de légalité, c'est-à-dire de la violation des formes soit substantielles, soit prescrites à peine de nullité.

Le recours en annulation ou recours pour excès de pouvoir ou détournement du pouvoir tend à l'annulation d'une décision administrative, sans que le juge puisse déduire de l'annulation qu'il prononce, les conséquences qu'elle comporte à l'égard du requérant.

Les fonctions du contrôle juridictionnel de l'Administration.

La fonction du contrôle juridictionnel de l'acte administratif consiste en l'examen de la conformité de la conduite de l'Administration à la règle de droit. Cet examen tend à préserver tout à la fois l'Administration et l'administré, en défendant les citoyens contre l'arbitraire du pouvoir et en protégeant l'Administration contre ses propres incohérences, en la rendant crédible et fiable.

En effet, *le Droit administratif vise deux objectifs différents et contradictoires* à concilier quelquefois :

• *rendre l'action de l'administration le plus efficace possible pour lui permettre de défendre l'intérêt général, en lui conférant les prérogatives les plus larges ;*

• *assurer la plus grande protection possible des administrés face aux activités de l'Administration, en limiter ses pouvoirs.*

L'une des fonctions du contrôle juridictionnel de l'administration réside dans la solution de cette contradiction en valorisant la défense des droits des particuliers.

De ce qui précède, il apparaît que contrôle juridictionnel de l'Administration a pour tâche, d'une part, la protection de droits des administrés ct, d'autre part, la régulation des pouvoirs et des services publics.

La fonction de protection n'est toujours pas acceptée par les autorités politico-administratives qui supportent mal la contestation considérée comme une subversion.

Par ailleurs, face aux problèmes de développement socio-économique, les autorités ont une inclination possessive pour l'État de police, au détriment de l'État de droit qui impose de nombreuses limitations légales.

Dans l'État de droit, la meilleure façon de l'aider l'Administration à mieux remplir ses fonctions est de la soumettre au contrôle de ses actes et à la sanction de ses transgressions.

Deux éléments importants caractérisent la fonction régulatrice des pouvoirs et des services publics : la compétence et la procédure.

Le contrôle juridictionnel force l'administration au respect des compétences de chaque autorité administrative et à l'observation des procédures prévues par les textes, avant de prendre sa décision.

La protection de l'ordre juridique est un des aspects plus importants du contrôle de l'administration, bien sûr, les moins perçus, qui obligent les organes chargés du contrôle et les aident à une meilleure organisation et à une meilleure harmonisation de l'action administrative.

Sous un autre angle, le contrôle juridictionnel de l'administration permet au juge d'apporter progressivement des précisions au bloc légal et créer, à l'occasion, des principes qui vont améliorer les rapports entre l'administration et les administrés. Cette fonction qui consiste à préciser ou à créer des normes et des principes participe de la fonction pédagogique du contrôle juridictionnel, par cela qu'elle apporte une plus ample compréhension et un approfondissement des fondements textuels et principiels du fonctionnement de l'Administration dans ses rapports avec les hommes et les institutions.

La fonction pédagogique du contrôle juridictionnel œuvre également à l'élévation de la conscience juridique collective, en démontrant que l'Administration est soumise à l'autorité de la loi et justiciable des actes qu'elle prend et qu'elle n'est pas cette puissance souveraine, intangible, distante et toujours plus forte que le simple administré, dont elle devrait pourtant n'être que le serviteur.

SECTION III : L'initiative populaire ou le droit de pétition

Le droit de pétition[46] est ouvert à toute personne qui individuellement ou en groupe désire saisir le parlement d'un problème déterminé. Il est un des privilèges de la Nation inscrit dans de très nombreuses constitutions et permet aux associations de citoyens d'exerce l'initiative des lois et vise à encourager la participation directe du peuple à l'exercice du pouvoir.

Il assure à tout citoyen le droit d'initier une action ou d'adhérer à une action collective sous forme de pétition contre des actes :

- lésant le patrimoine public ;
- violant la liberté de circuler et de s'établir partout sur le territoire national ;
- lésant les intérêts de la communauté sociale ;

[46] Article 10, Constitution

- portant atteinte à l'environnement et au patrimoine culturel ou historique »

En dehors du fait que les signataires de la pétition doivent avoir le droit de vote, aucune condition particulière n'est requise à l'exercice du droit de pétition. Les pétitionnaires peuvent signer des pétitions non seulement pour des questions d'intérêt privé, mais aussi et surtout pour des questions d'intérêt public local ou national.

En plus donc de son caractère populaire, le droit de pétition apparaît comme une forme de contrôle direct du citoyen sur les actes posés par les institutions d'État.

Il est regrettable qu'une loi n'ait pas été adoptée pour fixer les modalités de traitement de la pétition par l'Exécutif, le Législatif et les collectivités décentralisées.

CHAPITRE XI :

LE SERMENT PRÉSIDENTIEL

Dans la Constitution, on peut lire, citation : ***Le Président de la République est installé dans ses fonctions après avoir prêté serment devant la Cour Constitutionnelle, en ces termes*** : « *Moi __________, Président de la République élu conformément aux lois, je jure devant le Peuple de Guinée et sur mon honneur de respecter et de faire respecter scrupuleusement les dispositions de la Constitution, des lois et des décisions de justice, de défendre les Institutions constitutionnelles, l'intégrité du territoire et l'indépendance nationale.*

En cas de parjure que je subisse les rigueurs de la loi ».

Dans le discours très remarquable que le Premier Président de la Cour Suprême, Mamadou SYLLA, a prononcé en 2010, à l'occasion de la première investiture de Professeur Alpha CONDÉ, un certain nombre de thèmes retiennent l'attention, à savoir : la valeur du serment, l'obligation de rendre compte, l'exercice solitaire du Pouvoir, le commencement de la République des citoyens, le respect de la loi.

La pertinence et l'opportunité de ces concepts, dans un tel discours, expliquent l'intérêt des commentaires qui suivent.

Notre pays a trop souffert de la propension des dirigeants successifs de notre pays à oser affirmer : « *je suis la loi* » ou « *ce ne sont pas les hommes qui sont faits pour la loi, ce sont les lois qui sont faites pour les hommes.* » Mensonge ou hérésie.

Depuis les dix commandements de Dieu, en passant par les règles coutumières, l'histoire des hommes a démontré que la vie en commun impose à l'individu et à sa communauté des règles de comportement dans l'intérêt de la concorde, de la sécurité et de la paix.

La seule et unique condition de la sécurité et de la paix réside, pour chaque membre de la société, dans l'obligation de se soumettre à l'autorité de la loi, en ce qu'elle est la « *vox populi* » (la voix du Peuple) ou plus exactement la volonté du peuple ; les anciens disaient « *vox populi, vox dei* » : la voix du peuple, c'est la voix de Dieu.

L'analyse du discours de Monsieur le Président de la Cour commencera par l'exégèse de son objet, celui-ci étant le serment du Président de la République.

SECTION I : De la valeur du serment présidentiel

Le Président de la République, dans de très nombreux pays, est investi suivant quelques coutumes protocolaires, incluant la prestation de serment.

Bien entendu, l'installation du Président de la République dans ses fonctions procède de la proclamation officielle des résultats de l'élection. Toutefois, c'est à l'instant où le Président élu prête serment qu'il se trouve investi des charges, prérogatives et pouvoirs inhérents à sa fonction.

« *Investi* » signifie que la fonction habite la personne du le Président, celui-ci l'intériorise ; car le serment incruste et fixe la fonction et ses contraintes dans l'esprit et le cœur de l'homme et modèle ses pensées et oriente ses actions.

Le Premier Président de la Cour suprême commença par préciser : « L'article 35 de la Constitution dispose, citation, « *Le Président de la République est installé dans ses fonctions après avoir prêté serment devant la Cour Constitutionnelle…* » fin de citation.

Il poursuit : elle précise en l'article 155 : « *en attendant la mise en place de la Cour Constitutionnelle et de la Cour des comptes, la Cour Suprême demeure compétente pour les affaires relevant de la compétence dévolue respectivement à ces juridictions. Telles sont les raisons pour lesquelles la Cour Suprême vous reçoit en son audience solennelle de ce jour.* » Fin de citation.

Ensuite, Monsieur Mamadou SYLLA, Premier Président de la Cour Suprême déclara : *« ' La Guinée étant une République laïque, le serment n'est pas prêté la main sur un livre saint, ni sur aucun objet de culte ou se référant à une profession religieuse ou philosophique quelconque. La formule du serment fait référence à la Constitution et aux lois dont la violation constitue le parjure et, selon l'article 119 de la Constitution, le crime de haute trahison. »'*

Il résulte de cette déclaration que par le serment, qui est un acte solennel, le Président de la République invoque Dieu en jurant sur des promesses qu'il a faites publiquement devant la Nation. Or, c'est l'acte d'invocation de Dieu, comme témoin (jurer) qui forme le caractère religieux du serment.

Sous un autre aspect, le serment est un acte civil, parce que c'est la loi, en l'occurrence la Constitution, en son article 35, qui l'impose et en détermine la formule.

Il importe de noter que, d'une part, les deux caractères civil et religieux du serment sont intimement liés et inséparables

Bien plus, il convient d'apporter cette précision que le serment est une promesse de soumission au jugement divin et à celui des hommes, donc une ordalie qui remplit la conscience de l'homme de ce caractère irrévocable, sacral et originel de l'engagement qu'il prend solennellement. Car cet engagement est rendu inviolable parce qu'il est pris sur l'honneur devant la Nation et appelle la punition en cas de transgression.

Le serment prévu par la Constitution guinéenne ne finit-il pas par la formule lourde de conséquences : « *en cas de parjure, que je subisse la rigueur de la loi !* »

L'article 119 de la Constitution énonce : « *il y a haute trahison, lorsque le Président de la République a violé son serment, les Arrêts de la Cour Constitutionnelle, est reconnu auteur, coauteur ou complice de violations graves et caractérisées des droits humains, de cession d'une partie du territoire national, ou d'actes attentatoires au maintien d'un environnement sain, durable et favorable au développement.* » Fin de citation.

Il s'ensuit que le Président parjure s'expose, en général, à être traduit devant la Haute Cour de Justice lorsqu'il a violé son serment. Cette disposition constitutionnelle a valeur universelle.

Il suffit, pour s'en convaincre, de lire, à titre comparatif, les articles 53 et 74 de la Constitution du Bénin de 1990, l'article 44 de la Constitution du Burkina Faso de 1991, les articles 39 et 118 de la Constitution du Niger de 1999 ou encore les articles 12 et 78 de la Constitution du Gabon, aussi l'article II, Section 1 de la Constitution américaine.

Les Constitutions républicaines posent l'exigence de serment, parce qu'elle constitue une garantie d'irrévocabilité en amont et d'accomplissement en aval de la promesse solennelle du Président de la République.

À ce titre, le serment contribue au maintien et à la promotion de certaines valeurs de haute portée morale, tels que la crainte de Dieu, le respect de la parole donnée et la fidélité à ses engagements, la loyauté, la constance dans le respect des lois et dans l'amour de la vérité.

Ces valeurs imposent au Président l'obligation d'exemplarité dans le respect de la Constitution, des lois de l'État, des libertés et droits de l'homme.

Le Président de la Cour Suprême poursuivit : « *en jurant devant le Peuple, le Président de la République prend publiquement et solennellement la Nation entière à témoin de la parole qu'il donne sur son honneur à ses compatriotes, de ne rien faire ou entreprendre qui serait de nature à contredire, contrarier ou violer la Constitution et les lois de l'État, ou qui entraverait le fonctionnement normal des institutions issues de la Constitution, ou encore qui menacerait l'intégrité du territoire, ou plus encore qui compromettrait l'indépendance nationale.* »

L'expression « *respecter et faire respecter scrupuleusement* » contenue dans le serment prévu par la Constitution impose au Président de la République un devoir sacré de constance dans la fidélité et l'obéissance aux préceptes qui y sont édictées et sur lesquels, en sa qualité de Chef de l'État, il doit régler ses actions, conduire la politique de la nation, inspirer, guider et contrôler l'action gouvernementale.

« *En vous donnant acte de votre prestation de serment, la Cour vous remet symboliquement les clés du Palais de la République. Il ne s'agit pas d'un sésame, car le sésame n'existe que dans les contes. Il s'agit allégoriquement du gouvernail d'un vaisseau que vous aurez désormais à piloter. Vous savez déjà que ce sera un pilotage difficile, car le navire est chargé de trop d'événements douloureux, d'exigences nombreuses et d'attentes immenses et urgentes. Le navire en devient capricieux sur une mer houleuse.* »

Le serment, prêté avec la magnificence théâtrale d'une cérémonie officielle rehaussée de la présence d'autres Chefs d'État, fait obstacle à toute velléité du Président de la République assermenté de s'engager dans des révisions constitutionnelles qui ébranlerait les fondations du système constitutionnel, en particulier lorsqu'il s'agira d'une coupe sur mesure des dispositions de la loi suprême du pays.

Le discours du Premier Président de la Cour Suprême fut à l'occasion une exhortation forte et claire, adressée au Président de la République élu à se rappeler, à tout moment et en toutes circonstances, qu'il n'est pas un monarque ; mais l'humble délégataire, à titre précaire et éphémère, d'une part importante des pouvoirs de l'ensemble des citoyens de la République et non de la plénitude de ces pouvoirs, qui le feraient ressembler à un monarque.

Il doit, dès lors, se souvenir que le principe de la séparation des pouvoirs confère d'autres parts non moins importantes de ces pouvoirs à d'autres délégataires.

D'où l'exigence d'une gestion collégiale qui associe la société civile et l'opposition aux prises de décisions politiques.

SECTION II : Nul n'est censé ignorer la loi, nul n'est au-dessus de la loi

Ces deux principes généraux universels et fondamentaux de droit, qui ne laissent aucune place à aucune justification de la violation ou de la méconnaissance des lois ont été explicitement évoqués par le Premier Président de la Cour Suprême, lorsqu'il déclara : « L'expression respecter et faire respecter scrupuleusement », contenue dans le serment prévu par la Constitution, impose au Président de la République un devoir sacré de constance dans la fidélité et l'obéissance aux préceptes qui y sont édictés et sur lesquels, en sa qualité de Chef de l'État, il doit régler ses actions, conduire la politique de la nation, inspirer, guider et contrôler l'action gouvernementale.

« *À l'évidence, violation et méconnaissance des lois déséquilibrent les rapports internes de la société, entraînent la perte de confiance en l'état et font obstacle à la mobilisation de l'épargne nationale et à l'attrait de l'investissement direct étranger nécessaire à la mise en valeur de nos immenses ressources naturelles.* »

« *Elles développent la corruption et installent l'impunité, lesquelles gangrènent les structures sociales, altèrent irrémédiablement les relations sociales et détruisent les fondements du développement durable.* »

« *Le respect des lois est la mesure et la caractéristique fondamentale de l'État de droit, qui implique la soumission des organes et des détenteurs de la puissance publique à l'autorité de la loi et l'obéissance aux procédures qu'elle a prescrites. Il est le rempart contre toutes les dérives qui aboutissent à la mal gouvernance et aux travers qui sapent la sécurité de la personne et des biens du citoyen et la stabilité du pays* ».

SECTION III : De l'obligation de rendre compte ou obligation redditionnelle

L'obligation de rendre compte ou obligation redditionnelle est un processus ininterrompu, dont les étapes cycliques sont la production de l'information sur la gestion, la mise de cette information à la disposition des citoyens (droit d'accès des particuliers à l'information publique) qui, considérés dans leur ensemble, sont les véritables titulaires de la souveraineté nationale (article 2 de la Constitution).

À ce sujet, le Président de la Cour, Mamadou Sylla affirme : « *L'événement que nous vivons présentement porte la signification profonde que le Peuple de Guinée a franchi un épisode décisif de son histoire qui n'autorise plus la gestion solitaire de la chose publique dans le secret d'un cabinet par des dirigeants qui n'auraient pas de compte à rendre.* »

On peut déduire de cette affirmation que les autorités politiques et les détenteurs de la puissance publique doivent s'inscrire dans la logique de production systématique de rapports périodiques sur l'exécution de leurs activités, l'accomplissement de leur mission.

La reddition de compte est un aspect fondamental de la démocratie et les dispositions de la Constitution guinéenne sont conçues dans cet esprit.

L'obligation redditionnelle du Président de la République est prescrite par l'Article 50 de la Constitution qui dispose : « *Le Président de la République prononce une fois par an devant l'Assemblée nationale un message sur l'état de la Nation. Il peut aussi à tout moment adresser des messages à la Nation et à l'Assemblée nationale. Il ne participe pas aux débats de l'Assemblée nationale. Lorsqu'il adresse un message à l'Assemblée nationale, le message est lu par un ministre.* »

Voilà qui donne du relief et de la profondeur au constat du Premier Président de la Cour Suprême : « *le Peuple de Guinée a franchi un épisode décisif de son histoire qui n'autorise plus la gestion solitaire de la chose publique dans le secret d'un cabinet par des dirigeants qui n'auraient pas de compte à rendre.* »

À ce sujet, on peut comprendre que la reddition des comptes, c'est-à-dire l'obligation de rendre compte, et par ricochet la lutte contre la violation de la loi et ses conséquences que sont la corruption et l'impunité, ne doit apparaître ni comme un feu de paille, ni comme la poudre aux yeux.

Il importe de souligner que les effets d'annonces et les slogans pour une simple prise de conscience ne peuvent suffire. Il faut la constance, la fermeté, l'ouverture d'esprit et le dialogue sur le fondement du « *check and balance* » dans la conduite et le contrôle de la politique nationale et de tout projet de société.

Pour s'obliger à rendre compte, il faut permettre l'instauration et l'interaction de véritables institutions de contre-pouvoir, c'est-à-dire celles dont les animateurs ne se sentent pas très obligés vis-à-vis du Chef de l'exécutif.

La Constitution guinéenne, élaborée dans cette optique républicaine, a consacré la séparation des pouvoirs et fait de l'Assemblée nationale l'organe de contrôle de l'action gouvernementale.

Cette Institution dispose, en effet, de moyens et pouvoirs pour exiger du Gouvernement la reddition de comptes, sans laquelle la bonne gouvernance serait un concept fuligineux et vague.

Certains des outils fondamentaux pour cette tâche sont la loi des finances et la loi de règlement qui sont au cœur du processus de la reddition des comptes en matière de gestion des finances de l'État.

Les trois acteurs sont le gouvernement, la Cour des comptes et l'Assemblée nationale qui y jouent chacun un rôle spécifique.

La Cour des comptes est l'organe juridictionnel de contrôle à posteriori des documents financiers et comptables produits par le Gouvernement chargé de soumettre un rapport destiné à apporter un éclairage pour la compréhension de l'exécution de la loi des finances et des programmes politiques, sociaux et économiques.

Dans la même logique, la Cour Constitutionnelle, aux termes de l'alinéa 5 de l'article 93, « *est l'organe régulateur du fonctionnement et des activités des Pouvoirs législatif et exécutif et des autres organes de l'État* ».

La Constitution a créé des Institutions d'appui à la démocratie et la bonne gouvernance, pour veiller sur certains aspects de la gestion des affaires publiques et permettre la transparence dans l'exercice du pouvoir d'État, en protégeant le citoyen contre les abus d'autorité, les effets de dysfonctionnement administratif et la méconnaissance des droits des particuliers.

SECTION IV : De l'ère de la république des citoyens

Le Premier Président de la Cour Suprême note, avec une pointe d'espoir et d'invite pressente adressée au Président élu : « *Vous avez, dans une formule pleine de sens, indiqué votre volonté de bâtir une gestion collégiale des affaires de la nation. Précisément, on lit sur vos affiches de campagne, je cite : "ensemble, changeons la Guinée",* fin de citation. *Cette affirmation indique sans équivoque que l'ère de l'exercice solitaire du pouvoir est révolue en Guinée et que commence celle de la République des citoyens. Elle annonce des réformes hardies, des options difficiles qui doivent être opérées en profondeur et sans complaisance.* » Fin de citation.

L'ère de la République des citoyens qui commence doit exclure toute possibilité d'exercice d'un pouvoir personnel, d'empiétement d'une Institution sur les prérogatives des autres, d'agir au seul gré de sa seule volonté, du cumul des honneurs de Chef de l'État avec les pouvoirs du Premier ministre.

Censés refléter le consensus national du fait qu'ils engagent l'avenir de la nation, les grands choix politiques sociaux et économiques ne seront pas laissés à la seule discrétion des administrations publiques ou à leur seule appréciation.

Elles feront l'objet d'un dialogue entre l'État et les animateurs de la démocratie.

Les compétences que renferme le secteur privé et la société civile doivent bénéficier de la possibilité de s'exprimer et de se faire entendre par les pouvoirs publics.

Dans la République des citoyens, les parlementaires ne seront pas sollicités que pour lever la main, en signe d'approbation des textes conçus par l'Exécutif.

Le passé récent douloureux de notre pays a montré que la pratique du monologue est porteuse de germes destructeurs.

Les grèves, comme les marches, les sit-in, les pétitions, etc. ne reçoivent qu'exceptionnellement des échos, du reste faibles, auprès des hautes sphères de l'État. Il en résulte que le passage à l'émeute devient la réponse jugée la plus appropriée au monologue ou à la rupture du dialogue.

La culture républicaine est inhérente à la conscience que les acteurs institutionnels, les individus et les communautés ont de leurs droits et de leurs obligations vis-à-vis de la communauté et la détermination qu'ils marquent d'extérioriser cette conscience dans un acte, quel qu'il soit.

L'exhortation adressée par le Premier Président de la Cour Constitutionnelle au Président de la République élu est un rappel que le socle d'un État de droit est cimenté et affermi par un long processus de stabilisation et de novation, duquel résulte, étape après étape, l'expansion de la démocratie, l'essor de l'espace public, l'éducation des citoyens, mais aussi l'aménagement de mécanismes de partenariat, de contrôle et de coercition qui garantissent le respect par tous les acteurs de l'espace public, de l'ensemble des règles édictées et des mesures prises à travers des processus décisionnels transparents et inclusifs.

Dans ce contexte, la légitimité constitue l'épine dorsale du système d'intervention par lequel l'État agit sur la société. Ce système est structuré hiérarchiquement, en une administration publique, qu'elle soit civile ou militaire.

L'ère de la République des citoyens, dont parle le Premier Président de la Cour, signifie le passage d'une vision patrimoniale et solitaire du pouvoir à une vision dynamique et solidaire.

L'exercice solitaire du pouvoir, la gestion patrimoniale des biens publics sont les conséquences d'une représentation poussée à l'extrême du culte de l'omnipotence et de l'omniscience de l'État.

L'État providentiel, au-dessus de tout, conduit logiquement à la perception que les serviteurs de l'État (gouvernants et fonctionnaires) sont aussi au-dessus de tout, en particulier de la loi.

La lutte contre les abus de pouvoir, contre la corruption et l'impunité passe alors par l'inversion de cette perception, c'est-à-dire par le respect scrupuleux des lois.

SECTION V : Du statut de la magistrature

Le Premier Président de la Cour suprême a achevé son intervention déjà citée par une recommandation pathétique qui rappelle la triste situation dans laquelle végète la troisième branche du pouvoir d'État en ces termes : «*je ne saurais clore cette intervention sans vous recommander, en votre qualité de Président du Conseil Supérieur de la Magistrature, de veiller à donner au Statut de la Magistrature, le plus vieux des Statuts particuliers de notre pays, le lustre dont cette institution a besoin, en la sortant du dénuement dans lequel elle se trouve actuellement, en lui donnant les moyens d'accomplir la mission qui lui est légalement dévolue.* »

Ce que demande le Premier Président, c'est la rupture de la conspiration entretenue contre le peuple de Guinée à travers l'étouffement de sa justice maintenue dans la panade et l'indigence qui l'affligent comme une tare.

Les infrastructures sont vétustes, les équipements sont frappés d'obsolescence, les conditions de travail des magistrats sont pénibles, leur salaire inférieur à celui de leurs auxiliaires de la police et de la gendarmerie.

Cette conjoncture est impropre à leur assurer une vie décente et un réarmement moral propice à l'exercice de leur sacerdoce.

L'appel de Mamadou SYLLA au Président Alpha CONDÉ signale que : *réhabiliter le statut et la fonction des magistrats et auxiliaires de la justice pour fortifier l'État de droit confère plus de confort et de sécurité au citoyen et à la société, et renforce en même temps l'indépendance du pouvoir judiciaire. Toutes les améliorations devront porter sur le lien organique existant entre le pouvoir exécutif et le pouvoir judiciaire. Ainsi, la suppression totale de la tutelle administrative exercée par le pouvoir exécutif sur la justice réaliserait le sacro-saint principe de la séparation des pouvoirs consacré par la Constitution guinéenne.*

Le Premier Président de la Cour, en déclarant : « *je formule le vœu et la prière que Dieu, Clément et Miséricordieux, soit le Guide de vos actions pour le bien de notre patrie, qu'Il veuille fortifier vos épaules pour en porter confortablement le fardeau, remplir votre cœur de Sa Grâce et revêtir votre esprit de Sa Sagesse, pour qu'armé de constance et de santé vigoureuse, vous puissiez remplir sans défaillance et avec humanité, les redoutables charges et les exaltantes prérogatives de Président de la République de Guinée* » appelle l'attention de Professeur Alpha CONDÉ sur le précieux appui qu'il doit toujours solliciter de Dieu, Maître de l'Univers.

Puissent tous les Guinéens, en particulier les proches collaborateurs de notre nouveau Président de la République, graver dans leur mémoire, d'une manière indélébile, les exhortations et les supplications contenues dans le serment prêté et dans le discours d'exhortation de Mamadou SYLLA, Premier Président de la Cour Suprême.

CHAPITRE XII :

PRESTATION DU SERMENT PRÉSIDENTIEL, LE PIED DE NEZ DE LA COUR CONSTITUTIONNELLE

La double cérémonie de prestations de serment du Président de la République a été l'occasion d'un pied de nez répété, préjudiciable à l'image de la nation dont, et le moins que l'on puisse en dire, la Cour constitutionnelle a donné le spectacle affligeant au monde.

Ce pied de nez, ou ce camouflet fait à l'intelligence des Guinéens, se déroule comme suit :

1. À l'ouverture de l'audience solennelle de la Cour Constitutionnelle, le Président invite le vice-président de la même juridiction et un autre membre de la Cour à aller chercher le Président de la République.

La conséquence de ce mouvement change momentanément la composition de la Juridiction ; or, de pratique universelle, de l'ouverture à la fermeture de la même audience, la composition d'une juridiction ne doit pas changer ; elle doit demeurer immuable et aucune raison ni aucune circonstance ne doivent la changer.

Quand un tel besoin se fait sentir, l'audience est suspendue, pour permettre à la Cour de procéder à la modification de sa composition.

La Comparution des personnes devant la juridiction est assurée, devant toutes les juridictions du monde, en système anglo-saxon comme en système Romano-germanique, par un Huissier audiencier et non par un membre quelconque de la composition présente à l'audience, quelle que soit la personnalité du comparant. À quoi servait la présence de l'Huissier Samoura, à la figuration ?

2. Rappelant le sens du serment, le rapporteur de la Cour Constitutionnelle déclare : « *le serment est une affirmation, un engagement, une promesse solennelle que vous allez faire devant cette Cour avant d'entreprendre le 21 décembre prochain les tâches inhérentes à votre fonction de président de la république. Monsieur le président de la république, après cette condition préalable de prestation de serment, vous serez de nouveau le garant de la constitution de notre pays. Cette constitution est le fondement juridique de l'état. Elle est l'ensemble des textes qui déterminent la forme de l'état, l'organisation de ces institutions, la dévolution et les conditions d'exercice du pouvoir y compris le respect des droits fondamentaux* ».

3. Le Conseiller rapporteur de la Cour invite le Président de la République au respect de la constitution guinéenne ainsi que les institutions de la république, dont il sera le garant afin d'inscrire le pays dans la modernité pour le développement durable.

Il affirme : « *C'est avec la volonté de garantir le respect de la Constitution que vous réussirez votre noble et exaltante mission* ».

Ce rappel de l'obligation de *garantir le respect de la Constitution* a été occulté par la Cour en multipliant le nombre de cérémonies solennelles d'installation du Président de la République comme si cette haute juridiction avait reçu de la Constitution le droit d'en modifier à sa guise les dispositions.

Le Rapporteur de la Cour, concluant son rapport en ces termes « *Le peuple de Guinée croit à cet homme, le croit capable de réinventer un nouveau contrat social fondé sur l'éthique, la justice, la compétence, la transparence, la rigueur, le travail et le partage. C'est pourquoi je requiers qu'il plaise à la Cour de recevoir le serment du Pr Alpha Condé élu président de la République pour qu'il soit installé le 21 décembre dans l'exercice de ses fonctions* ».

La Cour constitutionnelle innove dangereusement. Il n'est de pratique nulle part qu'un juge, rapporteur, *requiert*. Son rôle se limite à exposer simplement les faits de la cause soumise à l'examen de la juridiction et doit s'abstenir d'émettre son opinion personnelle.

Or, le rapport du Conseiller avait toute la substance d'une exhortation adressée à un impétrant après le serment, puisqu'il va jusqu'à rappeler qu'il s'agit du « *deuxième et dernier mandat* ». Du point de vue du gallicisme (tournure propre à la langue française), il aurait dû s'agir de « *second et dernier mandat* ».

4. Le Président de la Cour Constitutionnelle, au début même de son exhortation annonce que le Peuple de Guinée aura droit à la plus flagrante violation de sa constitution, l'éclatement de la cérémonie d'installation du président de la République en deux temps, le 14 puis le 21 décembre 2015.

En voici les termes, citation : « *La Cour constitutionnelle a reçu votre serment et vous installera dans vos fonctions de président de la République le 21 décembre 2015, conformément à la Constitution. Avant ce jour, permettez-moi de mettre à profit cette circonstance pour m'adresser à vous et à travers vous, à mes compatriotes dont je sollicite l'attention* ».

Pourquoi cet éclatement multiplicatif, alors que la Constitution est bien claire : « *Le Président de la République est installé dans ses fonctions après avoir prêté serment devant la Cour Constitutionnelle* ».

La cérémonie du 14 décembre 2015 viole doublement la Constitution, elle crée un doute sur la date effective de prochaines élections puisque l'article 34 indique que « *Le Président de la République élu entre en fonction le jour de l'expiration du mandat de son prédécesseur* ».

Or, le délai fixé par l'article 28 de la Constitution se compte selon la règle suivante : « *le scrutin pour l'élection du Président de la République a lieu quatre-vingt-dix jours au plus et soixante jours au moins avant la date de l'expiration du mandat du Président de la République en fonction* ».

Devra-t-on compter à partir du 14 décembre ou à partir du 21 décembre puisque deux serments ont installé le Président de la République et déjà le 14 décembre 2015, Monsieur le Président de la Cour Constitutionnelle déclare : « *Permettez-moi, au nom de la Cour et en mon nom personnel, de vous présenter à vous et à votre famille mes félicitations pour votre élection pour un second mandat de cinq ans...* » Logiquement, les cinq ans se comptent à compter de cette cérémonie d'installation.

Le serment est tronqué et la faute est imputable à la Cour qui en a remis le texte à Monsieur le Président de la République, dont la lecture a été absolument fidèle au contenu qui lui a été soumis.

5. Il est bienheureux que le juriste Mohamed Camara ait réussi à faire reprendre la prestation ; mais on a eu droit à une autre audience vaudevillesque reproduisant les frasques précédentes.

C'est à croire que la Guinée est à sa toute première investiture ou qu'en Guinée les notions de jurisprudence et de tradition n'ont ni sens, ni place.

La tendance morbide à l'innovation inopportune semble exercer une influence possessive sur les nouveaux promus aux hautes fonctions étatiques.

Le greffier a été vertement corrigé sur la nature de l'affaire inscrite au rôle de la Cour.

7. La règle universelle d'investiture se limite, pour la Cour, à recevoir le serment et à renvoyer l'impétrant à l'exercice de ses fonctions. Conduire le Président de la République dans ses bureaux est une innovation qui n'est pas pertinente, n'étant prescrit ou prévu par aucune disposition de la Constitution ou une quelconque loi de l'État.

7. La remise des instruments de travail du Président de la République ne peut même pas être considérée comme une innovation.

Quels sont les instruments de travail d'un Président de la République ? Quels textes les prévoient ?

Les Guinéens, dans leur ensemble (profanes et professionnels du droit), seraient très avancés, si la Cour Constitutionnelle pouvait éclairer leur lanterne.

Cette remise frise l'aberration, pour la raison élémentaire qu'aucun texte, constitutionnel, légal ou réglementaire n'a pu prévoir ou énumérer de tels instruments de travail.

Parmi ces instruments, le Président de la Cour Constitutionnelle cite le cachet sec. C'est à se demander si la fonction de Garde des Sceaux a un sens et un objet et, depuis quand et en vertu de quelle attribution conférée par la Constitution ou la loi organique, cette remise a été effectuée par le Président de la Cour Constitutionnelle ?

8 Le discours d'exhortation du Président de la Cour Constitutionnelle, adressée à Monsieur le Président de la République, a été ponctué par l'affirmation faite par le Conseiller dans son rapport, qu'il s'agirait du deuxième et dernier mandat du Président de la République.

Cette question, résolue par la Constitution, relève désormais du débat public, sur lequel un juge, en particulier le juge constitutionnel, ne doit pas prendre position, à plus forte raison exprimer son opinion au cours d'une audience solennelle de la Cour.

En quatre endroits dans le discours d'exhortation, le Président de la Cour constitutionnelle se rapproche de la valeur du serment du Président de la République.

En premier lieu, c'est lorsque Monsieur Kèlèfa SALL déclare : « *vous vous êtes engagés solennellement à respecter la constitution et les décisions de justice, à défendre les institutions constitutionnelles, l'intégrité du territoire et l'indépendance nationale. Par cet acte, vous venez de faire une déclaration de loyauté et d'engagement signifiant que force doit rester à la loi et que nul n'est au-dessus de la loi. C'est cela un État de droit, et l'état dans lequel aussi bien l'État dans lequel les citoyens sont soumis sans distinction à l'autorité de la loi. Vous avez été élu le 11 octobre 2015 pour continuer la lutte du peuple de Guinée contre la misère et l'immoralité* ».

En deuxième lieu, il précise : « *La Cour, en sa qualité de régulatrice de fonctionnement et des activités des pouvoirs législatif et exécutif et les autres organes de l'État, vous encourage à accélérer l'intégration de toutes les énergies, de toutes les compétences et de toutes les expertises pour la cohésion sociale et le développement durable de notre chère Guinée* ».

En troisième lieu : « *Encourageons et favorisons le débat inclusif dans la richesse que constitue, en plus de celle du sol et du sous-sol, notre diversité ethnique et culturelle. Faisons en sorte que désormais, gouvernants et gouvernés, membres ou non des partis politiques, acceptent que les affaires de l'État ne soient le bien de personne. Elles appartiennent au peuple qui en délègue la gestion temporaire, non pas à un maître comme on a souvent tendance à le penser, mais à un serviteur.* »

Quatrièmement, enfin, *la conduite de la nation doit nous réunir autour de l'essentiel. Ne nous entourons pas d'extrémistes qui sont nuisibles à l'unité nationale. Évitez toujours les dérapages vers les chemins interdits en démocratie et en bonne gouvernance.*

Conclusion

L'article 2 de la Constitution, qui proclame : "*La souveraineté nationale appartient au peuple qui l'exerce par ses représentants et par la voie du referendum",* donne à la Nation le moyen de choisir elle-même son Président, à qui l'investiture directe fournit la force et l'obligation d'être le guide de la République et le garant de l'État et de faire du Chef de l'État, non le représentant d'une fraction seulement du peuple, mais le Président de tous les citoyens de la République.

À la fois Chef suprême de l'Exécutif, gardien et garant de la Constitution, Chef suprême des forces armées, le Président de la République est, à ce triple titre, chargé de donner les impulsions fondamentales, de définir les orientations essentielles, de garantir l'équilibre de la société guinéenne, la solidarité et la cohésion en son sein et de renforcer le système de protection sociale.

À la fois arbitre et premier responsable, l'article 45 lui attribue d'assurer le fonctionnement régulier des pouvoirs publics et la continuité de l'État, de déterminer et contrôler la conduite de la politique de la Nation et d'incarner l'unité de la Nation et d'en préserver l'indépendance.

Ce que la constitution guinéenne comporte de tout nouveau et de capital, c'est l'attribution au Président, seul, de la compétence de représentant et de mandataire de la Nation tout entière, et du devoir d'en tracer la conduite dans les domaines essentiels et d'être destinataire des moyens de s'en acquitter.

Pour résumer, le Président de la République gouverne et le Premier ministre l'aide à mettre en œuvre son programme politique et son projet de société.

En raison de cela, la Constitution l'oblige à se placer au-dessus des partis politiques et lui prescrit l'obligation figurant à l'article 2, alinéa 7, en ces termes : « *la souveraineté s'exerce conformément à la présente Constitution qui est la Loi suprême de l'État. Toute loi, tout texte réglementaire et acte administratif contraire à ses dispositions sont nuls et de nul effet.* » Cette obligation de respecter et de conformer ses actes à la Constitution est répétée, comme suit, à l'article 22 : « *chaque citoyen a le devoir de se conformer à la Constitution, aux lois et aux règlements.* »

La contrainte liée à cette obligation est plus forte, en ce qui le concerne, dans la mesure où, se soumettant à la prestation d'installation dans sa fonction, il prête, en une cérémonie solennelle, le serment, dont voici la teneur : *Moi ___________, Président de la République élu conformément aux lois, je jure devant le Peuple de Guinée et sur mon honneur de respecter et de faire respecter scrupuleusement les dispositions de la Constitution, des lois et des décisions de justice, de défendre les Institutions constitutionnelles, l'intégrité du territoire et l'indépendance nationale. En cas de parjure que je subisse les rigueurs de la loi.*

Selon ce serment et conformément à la Constitution, le Président de la République ne peut donc soumettre à référendum que les seuls projets de loi portant organisation des pouvoirs publics ou promotion et protection des libertés et des droits fondamentaux, ou action économique et sociale de l'État ou tendant à autoriser la ratification d'un traité. En dehors de ces matières expressément énoncées par la Constitution, le Président de la République n'a pas compétence de procéder par référendum à une révision constitutionnelle.

La conséquence est qu'il ne peut envisager aucune réforme touchant les matières énumérées par l'article 154 de la Constitution. Dans tous les cas, avant de convoquer les électeurs par décret, le Président de la République recueille l'avis de la Cour Constitutionnelle sur la conformité du projet ou de la proposition à la Constitution.

En cas de non-conformité à la Constitution, il ne peut être procédé au référendum.

TABLE DES MATIÈRES

Questions juridiques

aux éditions L'Harmattan

Dernières parutions

EXISTE-T-IL ENCORE UN SEUL « NON BIS IN IDEM » AUJOURD'HUI ?
Sous la direction de Delphine Brach-Thiel
«Nul ne doit pouvoir être jugé et condamné deux fois à raison des mêmes faits.» Si le principe est simple, c'est précisément son interprétation par de très nombreuses juridictions - pas toujours à l'unisson - qui pose question et explique le retour de ces interrogations sur le devant de la scène aujourd'hui. L'analyse ici présentée se veut riche et féconde de la rencontre entre universitaires belges et français, entre praticiens et chercheurs, entre européanistes, internationalistes ou pénalistes.
(Coll. Comité international des pénalistes francophones, 23.50 euros, 230 p.)
ISBN : 978-2-343-11828-4, ISBN EBOOK : 978-2-14-004143-3

ESSAI SUR LA NOTION D'EXÉCUTION CONTRACTUELLE
Alvarez Isabelle
L'exécution contractuelle constitue la cause impulsive de l'établissement du contrat qui, paradoxalement, est un mécanisme trop familier pour être bien connu. Adopter une méthode d'analyse alternative permet d'esquisser une définition de cette notion juridique. Est ici proposée une approche dynamique des échanges contractualisés, orientés vers la réalisation satisfactoire de l'opération économique, démontrant que cette phase exécutoire recèle un panel étendu de perspectives. (Étude à jour de l'ordonnance n° 2016-131 du 10 février 2016 portant réforme du droit des contrats, du régime général et de la preuve des obligations).
(Coll. Logiques Juridiques, 45.00 euros, 486 p.)
ISBN : 978-2-343-12604-3, ISBN EBOOK : 978-2-14-004271-3

LES ACCORDS COLLECTIFS DE GROUPE
Théodoropoulos Alexandra - Préface de Gérard Vachet
De simple expérimentation issue de la pratique, la négociation collective de groupe est devenue un véritable niveau de négociation collective reconnue par le législateur. L'accord de groupe est désormais consacré comme une norme créatrice de droits et d'obligations entre employeurs et salariés du groupe, mais sa place dans la hiérarchie des normes n'a pas été précisée. Cette situation génère de nombreuses interrogations quant à sa portée et à ses limites.
(Coll. Logiques Juridiques, 44.00 euros, 440 p.)
ISBN : 978-2-343-12269-4, ISBN EBOOK : 978-2-14-004330-7

LA SIMPLIFICATION DU DROIT DES SOCIÉTÉS À L'AUNE DU CAS HONGKONGAIS

L'exemple des SARL et SAS

Tortellier Nathalie - Préface de Mme le professeur Catherine Barreau

Cette étude comparative puise dans les règles et mécanismes de la société fermée à risque limité hongkongaise des techniques pouvant fortement contribuer à l'assouplissement et à la simplification du droit des sociétés. L'analyse décortique la vie des SARL et SAS et propose l'application de la méthodologie pragmatique du droit hongkongais par thèmes dans un souci d'adaptabilité du droit français. Il ressort de cette analyse comparative 80 recommandations inspirées de la société hongkongaise pour développer une société outil au service de l'entreprise, une société adaptée et adaptable aux acteurs économiques contemporains.

(Coll. Logiques Juridiques, 49.00 euros, 638 p.)

ISBN : 978-2-343-11885-7, ISBN EBOOK : 978-2-14-004220-1

LE DROIT DE L'INFORMATIQUE

4e édition (2017)

Bismuth Yves

À travers l'étude des grands thèmes du droit de l'informatique (protection des logiciels et des données, contrats informatiques, protection des libertés, gestion du risque informatique), cet ouvrage permet au lecteur d'établir lui-même un diagnostic juridique des problèmes rencontrés à l'occasion de la mise en place d'un système informatique. Il est complété par des extraits de code, une bibliographie, un index et un lexique, et est à jour des dernières lois et décrets intervenus en la matière.

(38.00 euros, 436 p.)

ISBN : 978-2-343-11527-6, ISBN EBOOK : 978-2-14-004177-8

MÉTHODE ET ASPECTS FORMELS DE LA RECHERCHE

Petit manuel à l'usage des juristes (2e édition)

Marain Gaëtan

L'ouvrage propose un apprentissage de la recherche et de son formalisme qui doit permettre aux étudiants confrontés à la rédaction d'une thèse ou d'un mémoire en droit d'aborder ce travail avec sérénité. L'auteur donne ainsi une méthode pour définir le sujet, échafauder un plan et trouver la documentation utile. Est également abordée, entre autres, la question du référencement des sources et de la citation d'auteur. Des recommandations propres à l'organisation de la soutenance et à son bon déroulement sont prodiguées. Voici un guide à même d'éclairer les premiers pas du jeune chercheur en droit.

(15.50 euros, 138 p.)

ISBN : 978-2-343-12682-1, ISBN EBOOK : 978-2-14-004300-0

LA PROCÉDURE DE LIBÉRATION CONDITIONNELLE COMME OUTIL DE GESTION DU RISQUE

Ben Gadi Amélie - Préface de Joana Falxa

La procédure d'octroi de la libération conditionnelle des longues peines témoigne d'une sévérité accrue à leur égard. En imposant une évaluation de dangerosité, le législateur a souhaité «verrouiller» la procédure. Cependant, la notion de

dangerosité est très complexe à définir et ne fait l'objet d'aucune définition légale. Elle introduit la notion de gestion du risque, ouvrant le chemin vers une justice de précaution. La présente étude éclaire la problématique de la réinsertion des longues peines.
(Coll. Bibliothèques de droit, 15.00 euros, 132 p.)
ISBN : 978-2-343-11550-4, ISBN EBOOK : 978-2-14-004296-6

LETTRE À TOUS CEUX QUI PERSISTENT À VOULOIR FAIRE LEUR DROIT
Charles Thierry
Le droit court derrière la «révolution numérique». Les algorithmes nous espionnent et restreignent les libertés publiques, ils calculent les indemnités au service des compagnies d'assurances. La diminution lente et continue des services chargés de veiller à l'application du droit affaiblit et parfois anéantit l'efficacité de ces lois. L'échec de la loi Hadopi est significatif à cet égard. Le mal est en fait bien plus profond et ne date pas d'hier. Nous vivons une époque de démolition des codes établis. Si le droit est partout, en définitive il n'est nulle part...
(20.50 euros, 204 p.)
ISBN : 978-2-343-12343-1, ISBN EBOOK : 978-2-14-004306-2

FÊTE ET DROIT PUBLIC
Sous la direction d'Adrien Azarete, Elie Guerrero et Thomas Moretto
S'inscrivant dans une approche globale et élargi à tout le droit public, le présent ouvrage, issu du colloque « Fête du Droit Public », a pour objet l'étude de l'application du droit public dans la fête par les différents acteurs de cette branche du droit. De l'autorisation de la fête à sa responsabilité, en passant par son organisation, son coût et sa sécurité, le droit public est présent partout, de par l'évidente présence et implication de la puissance publique et des collectivités territoriales.
(Coll. Bibliothèques de droit, 20.00 euros, 192 p.)
ISBN : 978-2-343-11018-9, ISBN EBOOK : 978-2-14-003946-1

LA DÉMOCRATIE EN DROIT INTERNATIONAL
Étude critique sur le statut juridique de la démocratie en droit international et la légitimité de l'imposer par la force
Alshiabani Abuhamoud
En droit international, la démocratie était jusqu'à très récemment absente. Malgré les appels lancés au début du 20e siècle, celui-ci a toujours considéré la démocratie comme une idéologie dans laquelle il ne doit pas s'impliquer. Après la fin de la Guerre froide et la victoire de la démocratie libérale, la démocratie s'est renforcée au plan international. Elle a exercé une pression considérable sur le droit international pour qu'il s'adapte aux nouvelles exigences des réalités politiques. Cet ouvrage traite de ce sujet et montre le contexte dans lequel se sont développés la démocratie et le concept d'ingérence démocratique.
(Coll. Logiques Juridiques, 39.00 euros, 408 p.)
ISBN : 978-2-343-10818-6, ISBN EBOOK : 978-2-14-003833-4

LES PRINCIPES GÉNÉRAUX DANS LA JURISPRUDENCE DE L'ORGANE DE RÈGLEMENT DES DIFFÉRENDS DE L'OMC
Aydi Ghozzi Mariem - Préface de Slim Laghmani
Représentant la justice marchande, le Système de règlement des différends de l'organisation Mondiale du Commerce (OMC) est censé rendre une meilleure justice. Bien qu'il ne constitue pas une véritable juridiction, il chemine sur les traces du juge international dans la détermination et la régulation du sens du droit de cette organisation, les principes généraux devraient en constituer des instruments de moralisation et de développement. Cependant, la méthode par laquelle l'organe de règlement des différends appréhende lesdits principes mérite une attention particulière.
(Coll. Droit aujourd'hui, 37.50 euros, 368 p.)
ISBN : 978-2-343-12079-9, ISBN EBOOK : 978-2-14-004047-4

LA RESPONSABILITÉ DES ENTREPRISES MULTINATIONALES POUR LES VIOLATIONS DES DROITS DE L'HOMME EN AFRIQUE
Opportunités et défis
Belporo Christelle
La question de la responsabilité des entreprises multinationales pour les violations des droits de l'homme est d'une actualité brûlante. Alors qu'à travers le monde les scandales se multiplient, sur le continent africain, des voix s'élèvent pour dénoncer les nombreuses violations des droits internationalement protégés. Cet ouvrage évalue les réponses offertes par le droit pour l'encadrement de la responsabilité juridique des entreprises multinationales à l'aune des instruments internationaux et africains.
(Coll. Études africaines, 20.50 euros, 200 p.)
ISBN : 978-2-343-11365-4, ISBN EBOOK : 978-2-14-004005-4

CONCEPTS ET PRATIQUES PROFESSIONNELLES EN DOUANES
Origines, procédures, régimes et valeur
Bouga Boukari Dan
Ce livre explique d'abord les concepts, c'est-à-dire le vocabulaire douanier de façon à ne saisir que l'essentiel. Il expose ensuite les exigences des pratiques douanières pour tous les scénarios du commerce international. II procède enfin à des illustrations pour une meilleure compréhension des droits et obligations des opérateurs en douane.
(Harmattan Côte-d'Ivoire, 20.00 euros, 184 p.)
ISBN : 978-2-343-11805-5, ISBN EBOOK : 978-2-14-004075-7

L'Harmattan Italia
Via Degli Artisti 15; 10124 Torino
harmattan.italia@gmail.com

L'Harmattan Hongrie
Könyvesbolt ; Kossuth L. u. 14-16
1053 Budapest

L'Harmattan Kinshasa
185, avenue Nyangwe
Commune de Lingwala
Kinshasa, R.D. Congo
(00243) 998697603 ou (00243) 999229662

L'Harmattan Congo
67, av. E. P. Lumumba
Bât. – Congo Pharmacie (Bib. Nat.)
BP2874 Brazzaville
harmattan.congo@yahoo.fr

L'Harmattan Guinée
Almamya Rue KA 028, en face
du restaurant Le Cèdre
OKB agency BP 3470 Conakry
(00224) 657 20 85 08 / 664 28 91 96
harmattanguinee@yahoo.fr

L'Harmattan Mali
Rue 73, Porte 536, Niamakoro,
Cité Unicef, Bamako
Tél. 00 (223) 20205724 / +(223) 76378082
poudiougopaul@yahoo.fr
pp.harmattan@gmail.com

L'Harmattan Cameroun
TSINGA/FECAFOOT
BP 11486 Yaoundé
699198028/675441949
harmattancam@yahoo.com

L'Harmattan Côte d'Ivoire
Résidence Karl / cité des arts
Abidjan-Cocody 03 BP 1588 Abidjan 03
(00225) 05 77 87 31
etien_nda@yahoo.fr

L'Harmattan Burkina
Penou Achille Some
Ouagadougou
(+226) 70 26 88 27

L'Harmattan Sénégal
10 VDN en face Mermoz, après le pont de Fann
BP 45034 Dakar Fann
33 825 98 58 / 33 860 9858
senharmattan@gmail.com / senlibraire@gmail.com
www.harmattansenegal.com

www.ingramcontent.com/pod-product-compliance
Lightning Source LLC
LaVergne TN
LVHW010945061026
849535LV00007B/2582
9782343120539